KB113919

가장 섹시한 직업

데이터 사이언티스트

가장 섹시한 직업

데이터 사이언티스트

김진호 편저

빅데이터 시대를 살아가는
사람들의 이야기

북카라반
CARAVAN

머리말

미국 뱁슨칼리지Babson College의 석좌교수이자 세계적인 분석 전문가인 토머스 대븐포트Thomas Davenport는 "데이터 사이언티스트는 21세기 가장 섹시한 직업"이라고 말했다.[1] 가장 섹시하다는 말은 데이터 사이언티스트에 대한 수요가 매우 높다는 것을 의미한다. 구글 트렌드에서 데이터 사이언티스트에 대한 관심도의 추세를 보면 2013년 이후 폭발적으로 증가하고 있다. 구인·구직, 연봉 비교 웹사이트인 글래스도어(www.glassdoor.com)에서 데이터 사이언티스트를 검색하면 무려 2만 5,000여 개의 구인광고를 찾을 수 있는데, 평균 연봉도 약 14만 달러로 매우 높다.

한국에서도 데이터 사이언티스트에 대한 수요는 가속적으로 늘어나고 있는 데 비해 공급은 턱없이 모자라서 정부는 데이터 사이언티스트 양성에 막대한 투자를 하고 있다. 대통령 직속 제4차 산업혁명위원회가 최근에 확정한 인공지능AI 연구개발 전략을 보면, 인공지능 대학원 6곳을 신설하는 등 2022년까지 2조 2,000억 원을 투자해 AI 연구 인력 1,700명을 양성할 계획이다.[2]

그렇다면 데이터 사이언티스트는 무엇을 하는 사람이기에 이렇게 인기가 있는가? 데이터 사이언티스트는 데이터 사이언스(데이터 과학)를 하는 사람이다. 데이터 사이언스란 "기업(조직)에서 발생하는 여러 가지 문제를 데이터를 사용해 객관적이고 과학적으로 해결하려는 활동"으로 정의할 수 있다. 제4차 산업혁명 시대의 화두는 바로 데이터에 바탕을 둔data-driven, 사실에 근거한fact-based 의사결정을 하는 것이다. 따라서 데이터 사이언티스트는 이러한 시대적 흐름의 선두에 있는 추진 엔진이다. 좀더 풀어서 정의한다면, "비즈니스 현장에서 발생하는 문제들을 데이터 분석 기술을 이용해 해답을 찾고, 이것을 비즈니스에 적용해서 고객들에게 의미 있는 상품이나 서비스로 제공함으로써 기업 가치를 증대시키는 활동"으로 정의할 수 있다.

데이터 사이언티스트가 중요해진 이유는 우리가 데이터 폭증의 시대를 살고 있기 때문이다. 거의 모든 분야에서 엄청나게 많은 데이터가 다양한 형태로 생성되고 저장되고 있다. 이 데이터 속에는 누가(사람, 시설, 장비 등), 어디에서, 무엇을, 어떻게 하고 있다는 정보가 숨어 있다. 이런 데이터를 잘 정리, 요약, 시각화해서 정보를 캐내게 되면 무슨 문제가 있는지, 그 문제를 어떻게 해결할 것인지에 대한 인사이트(통찰력)를 얻을 수 있다. 더욱이 모형화, 즉 통계나 기계학습 기법을 활용해서 왜 그런 일(사건)이 일어나는지도 규명한다면, 현재 어떤 일이 일어나고 있는지를 탐지하거나, 앞으로 어떤 일이 벌어질지를 예측하는 데 활용할 수 있다.

나는 데이터 사이언티스트가 문제 해결을 위해 데이터를 분석하는 과정을 8단계로 구분했다.[3] 문제 정의는 기업이 현재 상태에서 해결하고 개선해야 할 것이 무엇인지, 왜 그것을 해결해야 하고 그로 인해 무엇을 달성할 것인지를 명확히 하는 것이다. 문제가 정의된 후에는 그 문제를 해결하기 위해 어떤 데이터 분석 결과가 필요한지를 탐색하는 것이다. 다음으로는 그런 분석 결과를 낼 수 있는 분석 기법을 결정한 뒤, 그 기법에 투입되어야 하는 데이터를 결정한다. 필요한 입력 데이터를 결정하고 나면 해당 데이터를 수집·저장하고, 그 데이터를 활용할 수 있는 상태로 가공하는 전前처리를 함으로써 데이터를 준비하는데, 이 단계는 주로 IT의 전문 영역이다. 데이터가 준비되면 분석 기법을 적용·평가하는 과정을 거쳐서 선정된 최적 모델로 분석 결과를 도출한다. 다음에는 도출된 결과에서 문제 해결의 방향, 즉 의미 있는 인사이트를 추출한 다음 그것을 의사결정과 실무에 전개deploy하고 피드백을 받는다.

따라서 좋은 데이터 사이언티스트가 되기 위해서는 데이터를 수집, 저장, 추출, 가공할 수 있는 코딩 능력(프로그래밍, 주로 R 혹은 파이선)과 이를 분석해(시각화, 모형화) 인사이트를 끄집어낼 수 있는 통계적 능력이 필요하다. 그뿐만 아니라 데이터가 생성된 특정한 산업과 특정한 업무에 대해서도 해박한 지식도 필요하고, 나아가서는 이러한 영역을 모두 통합해서 데이터 분석 프로젝트를 의사소통과 협업을 통해 진두지휘할 수 있는 리더가 되어야 한다. 하지만 한 사람이 이 모든 것을 다 갖추기는 매우 힘들다. 그런 능력과 경험을 갖춘 사람을 실존하지 않는 존재인 유니콘unicorn이라고 부르는 것에서도 알 수 있다.

대부분의 경우 어느 한 영역에 특화하게 되므로 데이터 사이언티스트는 도메인 전문가(데이터의 맥락을 이해할 수 있는 특정 산업과 업무에 대한 해박한 지식), IT 전문가(데이터를 수집, 저장, 추출, 가공), 데이터 분석 전문가(시각화, 모델링, 예측, 시뮬레이션), 전략 전문가(분석 결과 해석과 문제 해결을 위해 실제 프로세스에 적용 · 실행) 등으로 구분된다.[4]

이런 현실을 고려할 때, 현실적으로 가장 바람직한 데이터 사이언티스트는 IT 전문가보다는 데이터 분석(시각화, 모델링, 예측)을 잘하고, 데이터 분석 전문가보다는 코딩(데이터 수집, 저장, 추출, 가공)을 잘하면서, 도메인 특징을 잘하는 현업 담당자들과 의사소통과 협업을 통해 데이터 분석 프로젝트를 리드할 수 있는 사람이다.

데이터 사이언티스트에 대한 관심이 높아지자 당연히 데이터 사이언티스트가 되고자 하는 사람도 많아졌는데, 그들은 예를 들면 다음과 같은 사항들을 알고 싶어 한다. 데이터를 공부하면 원하는 데이터 분석 분야로 이직을 할 수 있는가? 문과 출신인 사람도 그 과정을 따라갈 수 있는가? 이 시대가 요구하는 개인적인 경쟁력을 키울 수 있는가? 공부에 손을 놓은 지 오래되었는데, 문제가 없는가? 미래에 대비할 수 있는 전공인가?

나는 이미 5년 전 서울과학종합대학원aSSIST에 빅데이터MBA학과를 만들었다(서울과학종합대학원은 영문으로 Seoul School of Integrated

Sciences and Technologies이며, 보통은 이니셜을 이용해 어시스트aSSIST라고 부른다). 어시스트 빅데이터MBA학과는 가장 많은 학점(45)과 과목(28)으로 구성된 매우 체계적인 커리큘럼을 갖추고 있으며, 스위스 로잔경영대학Business School Lausanne, BSL의 빅데이터MBA 학위도 받을 수 있는 공동학위 과정이다. 나는 이 과정을 한국에서 가장 인기 있는 과정의 하나로 성장시킨 교수로서 이 물음에 대해 답변해야 한다는 의무감을 느꼈다. 짧고 간단히 답변하기보다는 졸업생과 재학생들의 진솔한 스토리로 답변을 하자! 그래서 쓰게 된 것이 이 책이다.

데이터 사이언티스트에 대해 알고 싶거나 앞으로 데이터를 공부하고 싶은 독자들은 이 책을 통해 다음과 같은 사항들에 대한 도움을 얻을 수 있을 것이다. 데이터 사이언티스트는 무슨 일을 하는가? 어떤 배경의 사람들이 왜 데이터를 공부하는가? 그들은 무엇을, 어떻게 공부하고 있는가? 그들은 공부하면서 어떤 어려움을 겪고, 어떻게 극복하는가? 데이터 사이언티스트가 되기 위해서는 무엇을 공부하고 준비해야 하는가?

독자들은 이 책을 통해 20대에서 60대까지 다양한 연령대에서 각기 다른 배경과 스토리로 빅데이터나 인공지능의 시대를 치열하게 살아가는 45명의 솔직한 모습을 볼 수 있을 것이다. 이 책에 있는 스토리는 독자들이 읽기 쉽도록 9개의 장chapter으로 구분했다. 하지만 이런 구분은 편의상 나눈 것일 뿐 실제로는 매우 중복적이다. 어떤 스토리를 그 장chapter이 아닌 다른 장chapter에 넣더라도 전혀 이상하지 않다.

빅데이터 시대의 특징은 아이디어, 알고리즘(문제 해결을 위해 정해진 일련의 절차나 공식)의 로직Logic, 심지어는 알고리즘의 코드까지 공유할 정도로 개방적이라는 것이다. 따라서 어떤 분야에서 이룬 획기적인 성과는 1년 이내에 다른 곳에서 재현된다. 알파고가 나온 지 1년 내에 알파고와 대등한 수준의 인공지능 바둑프로그램이 중국(줴이)과 일본(딥젠고)에서 개발되었다(알파고는 여러 버전이 있는데 여기에서는 이세돌 9단이 상대했던 알파고AlphaGoLee를 지칭한다. 더 업그레이드된 알파고AlphaGoZero에 비해서는 아직 수준이 조금 떨어지는 것으로 추측한다). 한국에서도 알파고에 관한 『네이처』 논문을 토대로 50여 명의 개발자가 개발에 매진해 2018년에 '한돌Handol'을 개발했다. '한돌'은 국내 최고의 기사들을 상대로 5연승을 기록했다.

그렇다면 빅데이터 시대의 경쟁력은 무엇일까? 그 답은 바로 분석적 역량을 가진 전문 인력을 확보하려는 '보이지 않는 전쟁'에서 찾을 수 있다. 구글은 페이스북과 치열한 경쟁 끝에 마침내 딥마인드를 인수하고 그 후 1년 반 만에 알파고를 개발해 인류의 위대한 도전이라고 불리는 바둑 문제(최고의 프로 바둑기사를 이기는 것)를 풀어서 전 세계를 놀라게 했다. 네이버도 2018년에 프랑스에 있는 인공지능 연구소 제록스리서치센터유럽XRCE(연구원 80여 명)을 약 1,000억 원에 전격 인수했다. 네이버가 이번 인수에 전력한 데는 아무리 돈을 들여도 인공지능 분야의 고급 인재 한 명의 영입도 수월하지 않은 현실 때문이었다.

이제 데이터 사이언티스트의 양성은 특히 한국처럼 인공지능 분야에서 선진국에 비해 2년 정도 뒤처진 상황에서는, 그야말로 국가적인 역량을 결집해야 할 절실한 문제다. 또한 데이터 사이언티스트에 대한 일반인의 인식, 즉 데이터 사이언티스트가 어떤 일을 하는 사람들이며, 이 시대에 얼마나 중요한 역할을 하는지에 대한 인식을 높이는 것도 중요하다. 하지만 데이터 사이언티스트의 모습을 있는 그대로 보여주는 책은 거의 없다.

독자들이 이 책을 통해 데이터 사이언티스트에 대해 잘 알게 되고, 데이터 사이언티스트에 도전하도록 자극을 받으며, 나아가서는 그 도전이 성공하기를 바란다. 이런 의도에 동참해서 솔직한 스토리를 공유해준 어시스트 빅데이터MBA학과 졸업생과 재학생에게 매우 고맙다는 말을 전해주고 싶다. 이 책을 누구나 쉽게 읽을 수 있는 글이 되도록 꼼꼼하게 다듬어준 김하나(4기)에게도 고맙다는 말을 전한다.

서울 신촌 어시스트 연구실에서

김진호

주

1 Thomas H. Davenport · D. J. Patil, 「Data Scientist: The Sexiest Job of the 21st Century」, 『Harvard Business Review』, October, 2012.

2 강기헌, 「정부, 인공지능 대학원 2022년까지 6곳 신설」, 『중앙일보』, 2018년 5월 16일.

3 김진호 · 최용주, 『빅데이터 리더십』, 북카라반, 2018년, 247쪽.

4 장동인, 『빅데이터로 일하는 기술』, 한빛미디어, 2014년, 135쪽.

차례

제3장 회사 내 빅데이터팀으로 옮긴 데이터 사이언티스트

제4장 빅데이터로 따라와 줘서 고맙다, 친구야

제5장 벤처 창업에 뛰어든 데이터 사이언티스트

제6장 다양한 배경의 데이터 사이언티스트

제7장 경쟁력을 키우는 데이터 사이언티스트

제8장 IT 경력자들의 영역 확대 업그레이드

프롤로그 장바구니를 든 데이터 사이언티스트

이진형(11번가, 데이터 사이언스 TF팀)

> 데이터 사이언티스트는 데이터 속에 숨어 있는 인사이트를 추출해서 환상적인 이야기로 말해줄 수 있는 독특한 스킬을 가진 사람이다.
>
> • D. J. 패틸D. J. Patil(데이터 사이언티스트, 컴퓨터공학자)

나는 온라인 오픈마켓인 11번가의 데이터 사이언티스트다. 내가 하는 일은 11번가에서 제기되는 다양한 문제를 데이터를 이용해 분석적으로 해결하는 것이다. 데이터 사이언티스트가 어떤 일을 어떻게 하는지를 보여주기 위해 최근에 우리 팀이 장바구니를 들고 고민했던 프로젝트를 소개한다.

우리 팀이 장바구니를 든 이유가 무엇일까? 11번가의 고객들 중에서는 장바구니에 물건을 담기만 하고 정작 구매는 하지 않는 고객이 많았다. 11번가로서는 장바구니 결제 포기가 손실이 아닌 새로운 기회가 될 수 있었다. 고객이 장바구니 결제를 포기하는 이유를 잘 파악하기만 하면, 결제 방해 요인을 제거하고 구매 완료를 촉진하는 최선의 방안을 찾아낼 수 있기 때문이다. 이런 고객들이 어떤 사람들인지, 왜 구매하지 않는지를 분석해 그들의 구매를 유도하는 최선의 방안을 찾아내는 것이 우리 팀의 임무였다.

프로젝트가 구체적으로 확정되면 제일 먼저 문제와 직·간접적으로 관련된 기존의 논문이나 보고서 등을 철저하게 조사해야 한다. 다시 말해 장바구니 물건의 구매 포기와 관련해서 어떤 연구가 어떤 방법으로 수행되었으며 어떤 결과가 나와 있는지를 우선 파악하고 나서 프로젝트가 진행되었다. 구글에서 '장바구니 결제 포기'를 검색하면 무려 약 77만 9,000개의 결과가 제시된다. 물론 이 모두를 다 읽어볼 필요는 없으며, 대개 앞 몇 페이지의 자료들을 읽으면 기존 연구를 대략 파악할 수 있다.

우리 팀에 가장 도움이 된 기존 연구는 세계적인 소프트웨어 기업인 SAP가 2018년에 발표한 아시아태평양 고객 소비 성향 보고서였다. 한국에서 SAP는 1,000명의 소비자를 대상으로 온라인 쇼핑 습관을 조사했는데, 그중에서 장바구니와 관련된 주요 결과는 다음과 같았다.

장바구니에 담고 '구매' 클릭을 결정하기까지 소요되는 시간	당일	13%
	1~6일	22%
	일주일 이상	24%
장바구니 결제를 항상 혹은 자주 포기하는 상품 유형	패션	27%
	금융	23%
	가구	23%
장바구니 결제를 포기하는 이유	장바구니를 다른 웹사이트와 가격 비교 목적으로 사용	62%
	재고 부족	35%
	할인 또는 프로모션이 없음	29%
장바구니 결제 포기 비율		52%

우리 팀은 네이버 카페 등의 온라인 커뮤니티를 대상으로 다음과 같은 2가지 문항을 추가적으로 조사했다. 장바구니의 사용 용도와 장바구니에 담긴 상품을 구매하지 않는 이유를 좀더 구체적으로 조사하기 위해서였다.

1. 장바구니를 어떤 용도로 사용하나요?	① 바로 구매하기 위해 담아 놓기 ② 유사 상품 가격 비교하기 ③ 찜하기 대신 ④ 마음에 드나 가격이 부담되어 일단 킵keep ⑤ 살 것이지만 지금 바빠서 일단 킵 ⑥ 이번 달 예산 초과로 다음 달 구매를 위한 킵 ⑦ 타임딜, 세일 등으로 싸서 사기 위한 킵 ⑧ 기타
2. 장바구니에 담긴 상품을 구매하지 않는 이유는 무엇인가요?	① 사려고 했는데 깜박했음 ② 비슷한 상품을 비교하기 위해 담아 놓고 그중 하나만 구매해서 나머지는 남아 있음

③ 사고 싶은데 이번 달 예산이 부족해서 다음 달에 사려고 남겨둠
④ 아직 비싸서 할인할 때 다시 보려고 남겨둠
⑤ 기타

조사 결과 '장바구니에 담는 이유'는 가격 비교, 찜하기, 구매 등의 순서로 나타났으며, '장바구니 구매 포기 이유'는 가격 비교로 유사 상품 이미 구매, 가격 부담, 재고 없음, 깜박함 등의 순서였다. 우리 팀은 장바구니에 넣은 것을 '깜박해서' 까먹고 구매하지 않은 고객들을 우선 목표로 삼았다. 구매할 목적으로 장바구니에 담았지만 깜빡하고 잊은 고객들에게 다시 장바구니에 담은 상품을 알려준다면 구매를 촉진할 수 있을 것이다. 물론 장바구니에 담아 놓고도 깜박한 고객들만을 식별하는 것은 거의 불가능하다. 따라서 장바구니에 담아 놓고도 구매하지 않은 사람들에게 그 사실을 알리는 문자를 보내면 사람들은 반응을 보이리라고 판단했다.

이제 다음 단계는 장바구니에 상품이 담겨 있다는 사실을 어떻게 알릴 것인지를 결정해야 했다. 우선 서버에 저장된 내부 데이터를 분석해 고객은 장바구니에 평균 몇 개의 상품을 담는지, 장바구니에 물건을 담고 얼마 만에 사는지 등을 파악했다. 이를 바탕으로 구매를 촉진하는 최선의 알림 방안을 찾아내기 위해서는 다음의 실험 요인을 조합한 많은 실험을 해야 했다.

누구에게 언제 보낼까?	1일 경과, 2일 경과, 3일 경과
몇 시에 보낼까?	오전, 오후, 밤
얼마나 자주 보낼까?	스팸 메시지로 여기지 않을 시간 확인
어떤 메시지로 보낼까?	여러 가지 메시지 제작 후 실험으로 반응 확인
장바구니에 담긴 상품 중에서 어떤 상품을 보낼까?	담긴 순서, 잘 팔리는 순서, 조회수
실험군과 대조군[•]을 어떻게 나눌까?	5:5, 6:4, 7:3

● 실험군은 인위적으로 실험 요인을 조작해 그 결과 어떤 변화가 생기는지 알아보기 위한 집단이며, 대조군은 실험군과 비교하기 위해 실험 요인에 아무런 변화를 주지 않는 집단이다.

다양한 실험 결과를 클릭률Click-through Rate, CTR과 전환율Conversion Rate, CVR을 비교 분석해 찾아낸 최선의 알림 방안은 다음과 같았다(클릭률은 특정 링크를 클릭한 사용자의 수를 이용해 특정 웹사이트의 온라인 광고나 이메일 캠페인 등의 효율성을 측정하는 방법이고, 전환율은 얼마나 많은 사람이 광고를 본 후 원하는 행동으로 전환했는지를 측정하는 방법이다).

누구에게	장바구니에 상품을 담고 3일이 경과한 고객
몇 시에	고객별 활성화 시간을 파악해 그 시간에
얼마나 자주	고객의 푸시 알림 해지 현황을 파악해 그 간격으로
어떤 메시지	상품의 특성별로 반응 좋은 메시지
장바구니에 담긴 것 중에 어떤 상품	고객이 구매할 가능성이 높은 상품
실험군과 대조군	5:5

프로젝트 결과는 간단명료하게 시각화해 어떤 방안이 가장 최선이라고 제시하는 결론과 함께 보고되었다. 그리고 이 최선의 방안은 시스템 내에 자동화되어 장착되었고, 월 매출이 기존 대비 약 5퍼센트 증가하는 실적을 기록했다.

장바구니 결제 포기 데이터를 분석하는 것은 11번가가 검색에서부터 최종 구매에 이르기까지 고객의 결제 여정을 이해하고 원활한 고객 경험을 방해하는 요인을 개선하는 출발점이다. 검색 과정, 특정 단계 완료에 소요되는 시간, 선택되었지만 삭제된 상품, 결제를 포기하는 정확한 시점 등 결제 단계에서 고객 행동은 11번가에 전환율을 높이기 위한 중요한 인사이트를 제공한다. 이 프로젝트에서는 장바구니에 담은 것을 깜박한 고객들을 대상으로 했지만, 현재는 가격 부담과 재고 없음으로 구매를 포기한 고객들에게 적절한 쿠폰을 제공한다든지 유사한 상품을 추천한다든지 하는 방안을 실험 중이다.

나의 이전 직장은 케이블방송 회사인 티브로드Tbroad였다. 주 업무는 콘텐츠 사업팀에서 고객들에게 원하는 VOD를 소비하도록 지원하는 일, 즉 고객을 분석하고, 고객군을 정의하고, 고객군에 따른 적절한 타깃 마케팅을 하고, 타깃 마케팅 결과를 분석해 부족한 부분을 개선해서 다시 진행하는 일을 반복하는 것이었다. 하지만 단순한 분석만으로는 많은 고객 데이터에서 특징을 추출하거나 적절한 마케팅 방법을 찾는 것이 쉽지 않았다. 많은 고객의 데이터를 일일이 분석하기 힘들었고, 그렇게 하더라도 전반적인 특징을 찾아내기가 어려웠다.

그런 고민이 깊어질 때쯤 이세돌과 알파고의 세기의 대결이 이슈가 되었다. 당연히 이세돌이 이길 것이라고 생각했지만, 알파고가 이긴 것을 보고 충격을 받았다. 그때 나도 인공지능 기술을 내 업무에 적용해보고자 하는 생각을 하게 되었고, 회사를 다니면서도 공부할 수 있는 방법을 찾아보았다.

내가 실무를 하면서 느낀 것은 데이터 사이언티스트가 되기 위해서는 통계, 데이터베이스, 프로그래밍, 기계학습 등과 같은 여러 분야에 대한 체계적인 공부가 필요하다는 사실이었다. 특히 빅데이터와 인공지능 분야는 이론도 중요하지만, 실제 현업에서 어떻게 이용하느냐를 제대로 이해하는 것이 중요하다.

빅데이터와 인공지능과 관련된 프로젝트를 하다 보니 중요한 것은 기술뿐만 아니라 실제 이용할 수 있는 데이터가 얼마나 있는지, 해당 도메인에 대한 지식이 얼마나 있는지가 중요하다는 것을 느꼈다. 그래서 데이터가 많고, 데이터 분석의 중요성을 잘 활용하고 있는 조직에서 일해야겠다는 결심을 하게 되었다. 현재는 11번가의 데이터 사이언티스트로서 근무하고 있는데, 데이터가 많고 다양한 문제를 해결해주는 서비스를 개발하고, 적용하고, 개선하고, 고도화하는 과정이 늘 즐겁다.

In My Personal Note

이진형은 데이터 분석에 대한 학습 열의가 가장 높은 학생이었다. 실무에서 데이터 분석의 필요성과 어려움을 매우 실감했기 때문일 것이다. 그런데 이진형은 1기로 입학해서 열심히 공부를 하던 중, 돌연 나에게 "학교를 그만두어야 할 것 같아요"라며 자퇴를 신청했다. 결혼한 지 몇 개월 만에 석사과정에 입학했기 때문이다. 평일에는 회사에서 일하랴 주말에는 공부하랴 힘들었겠지만, 임신 중이었던 아내도 심한 스트레스에 시달렸다고 한다. "이럴 거면 혼자 살지 뭐 하러 결혼했냐?", "상황이 이런데 어떻게 계속 공부할 수 있겠느냐"는 아내의 호소에 고민 끝에 할 수 없이 자퇴를 결정한 것이다. 나로서는 이진형의 결정이 아쉽지만 받아들일 수밖에 없었다. 하지만 1년 후에 이진형은 2기로 다시 입학을 했다. 금요일 저녁과 토요일에 공부를 하더라도 일요일은 이제 막 출산한 아이의 육아에만 전념하겠다고 하면서 1년 동안 아내를 설득한 것이었다. 빅데이터MBA학과의 학생들은 대부분 직장인이다. 평일에는 업무와 야근 등에 시달리면서 금요일 저녁과 토요일 하루 종일 공부하는 것이 쉽지는 않다. 하지만 일부 학생들은 그런 어려움에도 엄청난 노력으로 아주 높은 수준의 학업 성취를 이루는데, 이진형도 그런 학생 중의 하나다. 특히 빅데이터에서 가장 핵심적인 영역인 개인 추천 모델의 이론과 실제 적용에서 탁월한 지식과 경험을 쌓았다. 그리고 이 기법을 적용해서 논문을 쓰는 후배들에게도 좋은 조언을 아끼지 않는다. 나는 이진형이 성장할 것을 믿어 의심치 않는다.

"위험을 감수하고 시도하라. 아니면 영원히 꿈만 꾸고 있어라."

• 허브 브룩스Herb Brooks(전 미국 아이스하키 선수)

제1장

맨땅의 데이터 사이언티스트

데이터로 커뮤니케이션하기

김하나 (CY&Partners)

나는 상업고등학교에 진학했다. 고등학교 3학년 때는 수능 대신 바로 취업전선에 뛰어들었고, 소규모 증권회사의 영업기획팀에 입사해 실적을 다루는 업무를 하게 되었다. 실적을 다루는 일은 나에게 아주 잘 맞고 재미있었다. 하지만 회사 선배는 "그런 경력으로 어디에도 갈 수 없다"며 조언을 해주었다. 나는 숫자를 다룰 수 있으면서도 경력을 쌓을 수 있는 직업을 고민하기 시작했다. 또한 보수적인 금융업계에서 근무하며 받은 차별로 인해 자존감은 낮아졌고 공부에 대한 갈망은 커져갔다.

가족의 생계비로 월급의 90퍼센트 이상을 써야 했기에 빚은 계속 쌓여갔다. 사람을 가장 힘들게 하는 것은 돈이 없다는 것보다 그로 인해 희망이 없는 것임을 느꼈다. 공부를 해야겠다고 굳게 마음

먹고 4년 만에 회사를 그만두었다. 대학에 진학해서 성공하겠다는 것보다 남들처럼 공부를 정말 열심히 해보고 싶었던 마음이 사실 더 컸다. 서울 노량진의 재수학원에서 수능 공부를 시작했다. 내 인생에서 가장 열심히 공부했던 시절이고 초조하면서도 행복했던 순간이다.

새벽 4시에 일어나 가장 먼저 학원에 갔고, 쉬는 시간 1분 1초도 아까웠으며, 당연히 친구를 만나거나 새로 사귀지도 않고 1년 동안 공부만 했다. 하지만 수능시험에서 '4, 4, 4, 4'라는 최악의 성적표를 받아들었다. 그래도 혼자 공부하는 법을 알았으니 1년은 더 해보겠노라고 EBS 수능책을 구입했지만, 힘들다는 엄마의 말에 고민을 거듭하다 다시 취직하기로 결심했다.

나는 회계를 하면 숫자를 다루며 즐겁게 일할 수 있겠다는 생각에 자산운용사의 회계직으로 입사했다. 전표 입력부터 결산, 회계감사까지 혼자 해야 했다. 내가 가진 회계 자격증은 고등학생도 따는 전산회계 2급에, 회계팀 대리 보조로 전표 마감을 해본 경험이 전부였다. 첫 달 마감을 보름이나 걸려서 했는데 3년치 전표 자료를 다 꺼내놓고 혼자 뜯어보고 생각하며 겨우겨우 마감했다. 하지만 숫자에 흥미가 있었던 나에게 이상하게 회계는 너무 재미가 없어서 내가 숫자를 좋아하는 것이 아닐 수도 있다고 생각했다.

자산운용사 재직 중 26세 때 중앙대학교 야간대학에 진학했다. 학교는 거의 매일 나가야 하고, 회사 일은 너무 많아서, 수업 듣고 다시 회사에 가서 새벽 3~4시까지 일하는 생활을 반복했다. 젊어서인지 한동안은 버틸 만했지만 나중에는 힘들기도 하고 공부만 해보고 싶은 마음이 커서 퇴사하고 증권사 아르바이트를 하며 학교를 다녔다. 대학교 때 가장 잘했던 것은 프레젠테이션이었다. 똑똑하지는 않지만 인풋input과 아웃풋output이 정직한 편이었다.

한 번 프레젠테이션 과제가 주어지면 일상이 없이 거기에 빠져 다른 것들을 뒷전으로 할 정도로 노력했다. 청중을 초등학생이라고 생각하고 어려운 것을 쉽고 간결하게 전달하고 스토리라인을 만드는 데 많은 공을 들였다. 교수님이 만족해하거나 발표가 끝나면 학생들이 잘 들었다고 말해줄 때가 가장 기뻤다. 자연스럽게 프레젠테이션을 하는 직업을 가지고 싶다고 생각했다.

대학교 3학년 때 새로운 학부장님이 데이터 전문가라서 빅데이터 과목이 생겼다. 원래 실적 데이터에 관심이 있었기 때문에 당연히 빅데이터 과목을 수강했다. 그 후 빅데이터 세미나를 찾아다니고 교수님과 상담하는 과정에서 '데이터 사이언티스트'라는 직업을 알게 되었다. 그러나 수학이나 프로그래밍과는 전혀 친하지 않은 나로서는 감히 도전도 못할 영역이라고 생각하고 포기했다.

어떤 직업을 가져야 할지 고민하다가 익숙했던 금융업계에서 일본계 의료기기 회사의 영업 지원으로 이직했다. 영업만 지원해주면 되는 간단한 업무였지만, 영업 직원들과 이야기를 하다가 자신의 실적을 모른다는 이야기를 듣고 충격을 받아 엑셀을 활용해 우리 팀을 위해 원시 데이터를 가공하여 사용자에게 정보를 제공하는 데이터마트data mart를 만들기 시작했다. 1년 동안 9개의 엑셀을 활용해 데이터마트를 만들었다. 실시간으로 업데이트될 수 있도록 함수로 연동하고, 핵심성과지표KPI 측정, 병원별 매출 관리, 수요 예측, 샘플과 데모 관리, 샘플 오용 추적, 발주 관리 등 다양한 목적으로 데이터마트를 만들면서 어떤 데이터 구조를 가져야 좋은지, 목적에 따라 어떻게 데이터를 활용할 수 있는지 고민하게 되었다. 다양한 목적으로 데이터를 활용해 분석하고, 인사이트를 찾아내 사람들에게 쉽게 설명해주는 것이 너무 재미있어서 시간가는 줄도 몰랐다.

더 많은 데이터를 기대하고 제약회사로 이직했다. 전과 같이 마케팅 지원을 하며 데이터마트를 만들어 데이터 분석에 일조했지만, 아무 성과도 남지 않는 지원 업무에 대한 회의를 느꼈다. '퇴사하고 나서도 직업이 무엇이냐고 물어보았을 때 대답할 수 있는 직업'을 목표로 삼았다. 그러면서 프리랜서가 가능한 직업, 나의 이름을 걸고 일할 수 있는 직업이 무엇인지 막연하지만 꿈꾸기 시작했다. 그동안의 경험에 비추어 앞으로는 데이터에 승산이 있을 것이라고 생각하고 빅데이터를 배우기로 결심하고 제약회사를 퇴사했다.

그리고 빅데이터 분석 과정(4개월 전일제)에 들어가서 R과 파이선, 통계, IT의 전반적인 것을 속성으로 배웠다. 하지만 많은 개념이 나에게 생소해서 숙지하기엔 쉽지 않았고, '데이터 사이언티스트'가 되기엔 너무나 부족하다고 느꼈다. '1. 실질적으로 배울 수 있는가? 2. 커리큘럼이 좋은가?'를 기준으로 대학원을 찾아보다가 어시스트 빅데이터MBA학과를 알게 되었다. 입학 설명회를 듣고 여기서 배우면 진짜 데이터 분석을 할 수 있겠구나 생각이 들었으나 재정적인 문제와 진로 문제로 마음을 정하지 못하고 보류했다.

빅데이터 분석 과정 수료 후, 데이터 애널리스트로 여러 회사에 면접을 보았으나 결정적으로 데이터에 대한 이론적인 지식이나 실무 경험의 부재로 여러 번 무산되었다. 빅데이터 학원을 나오면 데이터 애널리스트로 금방 취직할 수 있을 것 같았지만, 현실에서는 긴 구직생활의 연속이었다. 다시 지원 부서로 갈 것인가 계속 도전할 것인가의 기로에 서 있다가 마지막으로 도전해보자 하고 작은 컨설팅 회사의 인턴으로 지원했다. 총 두 차례, 3시간 30분의 긴 면접 끝에 입사했다. 컨설팅 업무 이외에도, 질리언트라는 미국 회사의 'AI를 활용한 가격 관리 솔루션'을 국내 업체에 코디네이션해주는 업무를 맡았는데, 기대하지 않았던 빅데이터와의 접점이 업무에서도 생겼다.

그리고 어시스트 빅데이터MBA학과에도 드디어 입학했다. 처음에 빅데이터를 접했을 때는 20퍼센트도 이해하지 못했다. 하지만 두 번째 들었을 때는 40퍼센트, 세 번째 들었을 때는 60퍼센트를 이해하게 되었다. 또한 수학적인 설명이 힘들 때도 있지만 그 원리에 대해서 조금 더 깊이 알게 되고 생각이 확장되는 것을 느꼈다. 특히 동기들이 여러 산업에서 전문가들이라서 해당 산업에서 다양한 빅데이터 활용과 관심사 등을 토론하면서 시야가 크게 넓어졌다. 업무에서도 학교에서 배운 통계지식으로 파트너사에 솔루션의 원리를 설명하고 궁금증을 해결해주니, 파트너사에서 우리가 가장 원하는 컨설턴트라는 이야기를 듣게 되었다.

데이터 사이언티스트는 커뮤니케이션 능력, 현업에 대한 지식, 프로그래밍, 통계, 비즈니스에 대한 감각, 산업에 대한 이해 등 많은 역량을 갖추어야 한다. 처음에는 이 모든 것을 다 갖추어야 한다고 생각했기 때문에 부담이 가중되었다. 하지만 이 모든 것을 다 잘하는 사람은 천재가 아닌 이상 거의 없다. 누군가는 통계, 누군가는 프로그래밍, 누군가는 산업의 전문가일 수 있다. 하지만 이 모든 것을 공부해야 하는 이유는 팀을 이루고 일하기 때문이라고 생각한다. 따라서 서로의 영역을 이해하고 커뮤니케이션할 수 있는 정도면 충분하다. 그러나 분명한 것은 그중에서 나의 장점을 극대화시켜 나만의 브랜드로 만들어야 한다.

내가 관심 있는 분야가 무엇인지 고민해야 한다. 나는 주가, 가격 관리, 영업 관리 솔루션, 고객관계관리CRM 등의 영역에서 기업의 문제를 정의하고 그것을 해결하는 방안에 가장 관심이 많다. 요즘 '핫한' 빅데이터라는 말에 끌려가기보다 자신이 관심 있는 분야를 명확히 정의하고 그 분야에 대한 문제를 정의한 후 어떤 데이터와 어떤 분석 기법을 활용해야 하는지에 대한 파악이 필요하다. 데이터의 본질은 문제를 해결하기 위한 수단임을 잊지 말아야 한다.

데이터의 매력에 빠지다

유서현 (Green Climate Fund)

나는 아버지의 직장으로 인해 해외 이사를 많이 다녔다(중학교 졸업까지 7번이나 학교를 옮겼다). 그래서인지 새로운 것에 대한 거부감이 없고, 적응력도 빠르고, 필요할 때는 잔머리도 굴리고, 처한 상황에 집중하는 성향이 몸에 배었다. 공부도 점수는 잘 나오는 편이었으나 꾸준히 공부하는 스타일이 아니라 요령껏 벼락치기 하는 스타일이었다. 한마디로 '꾸준히 안 해도 나는 똑똑하니까 요령 피우면 괜찮아'라는 망상에 빠진 아이였다.

우즈베키스탄의 국제학교에서 고등학교 과정을 마쳤을 때 해외 대학을 가기로 결정했다. 국내 대학에 가기 위한 특례 공부(특히 수학)가 하기 싫었기 때문이다. 대학과 전공은 미래를 생각해서 선택한 것이 아니라 유럽 여행 갔던 것에 대한 좋은 기억으로 유럽 대학을 알아보았다. 그러던 중 학교 건물 외관도 멋있고 학생들이 멋지게 정장을 차려 입고 다니고 명성도 좋은 스위스 로잔호텔경영학교에 대해 알게 되어 망설임 없이 진학했다.

지금 생각하면 너무나도 후회되는 대학 생활이지만, 당시에는 재미있는 대학 생활을 했다. 이때도 역시 공부는 요령껏 했고 출석을 체크하는 수업 외에는 잘 들어가지 않았고 출석을 체크하는 수업마저 쉬는 시간에 빠져 나갔다. 친구들은 '쟤는 그룹프로젝트 하러 학교 다녀'라고 장난스럽게 이야기할 정도였다. 하지만 대범하고 활발한 성격 탓에 그룹프로젝트 할 때는 리더 역할을 많이 맡아서 책임감을 발휘했으며 동아리 활동도 활발히 했다. 다행히 친구들도 '쟤는 똑똑한 애야'라는 망상에 같이 빠져주어서 수업에 잘 빠졌지만, 그룹프로젝트를 할 때는 쉽게 끼워주었다. 4학년에서 전공을 고를 때도 제일 요령을 많이 피울 수 있을 것 같아서 마케팅을 택했다. 돌이켜 보면 친구들과 어울리고 여행 다니고, 유흥비를 마련하기 위해 아르바이트하는 것에 더 집중했던 대학 생활이었다.

대학 졸업 후 두바이로 취업이 결정된 후 일을 시작하기 전에 가족과 시간을 보내려고 한국에 입국했다. 그런데 우연히 링크드인linkedIn이라는 비즈니스 소셜네트워크를 통해 연락이 온 레이시온Raytheon이라는 미국 회사에 취직을 하게 되었다. 부모님도 마침 그만 쉬고 일을 하라고 눈치를 주었기 때문에 '그래 일하자' 하고 입사했다. 일은 어렵지 않았으나 좋게 말하자면 순수함과 정의감으로 (세상 물정 몰라서) 불의를 참지 못하고 8개월 만에 그만두었다. 2개월 정도 영어학원에서 강사를 하며 있다가 우연한 기회로 쉰들러엘리베이터에서 면접을 보게 되었고 합격해서 2016년 10월부터 다니기 시작했다.

나는 출퇴근이 힘들어서 회사 앞으로 혼자 이사를 왔고, 월세와 생활비를 혼자 감당하게 되면서 어쩔 수 없이 아주 조금은 철이 들기 시작했다. 쉰들러엘리베이터에서는 유지보수사업본부에서 원시 상태의 데이터인 로 데이터raw data를 가공해 리포팅, 실적 보고, 영업활동 관리, 인센티브 추출, 시뮬레이션(엑셀 사용) 등의 업무를 했다. 업무를 하면서 '이것을 빠르고 효과적으로 하는 방법이 있을 텐데' 하면서 엑셀의 한계를 많이 느꼈다.

조금씩 철이 들면서 드디어 미래에 대한 생각을 하기 시작했고, 지금까지 스스로 미래에 대한 대비를 너무 하지 않고 망상에 빠진 채로 살았다는 것을 깨달았다. 대학교 때부터 취업에 대비해서 많은 자격증을 따고 스펙을 준비한 또래 한국 사회 초년생에 비해 내가 내세울 수 있는 것은 영어, 학교에서 배우고 프로젝트를 하면서 얻은 엑셀, 리포팅과 경영 과목 상식들로는 내가 원하는 미래의 모습에 도달하지 못할 것 같은 생각이 들기 시작했다. 2017년 후반부터 '스펙'이란 것을 다시 쌓아 보려고 MBA 진학을 진지하게 준비하기 시작하고 GMAT 시험도 보았다. MBA를 고민하면서 이왕 시작 하는 거 이제는 정말 많은 생각을 하고 신중하게 선택을 해서 가야 한다고 판단했다.

어느 정도는 데이터를 관리하는 업무를 담당하고 있기도 했고, 일반적인 MBA를 하자니 이미 경영을 전공한(호텔경영이긴 하지만) 내가 무엇을 얻을 수 있을까 생각하던 중에 통계학과 데이터 관련 학과에 관심이 생기기 시작했다. 평소에 링크드인에서 내가 언젠가는 갖고 싶은 직무 기술서job description을 보았을 때, 파이선, SQLstructured query language(데이터베이스를 구축하고 활용하기 위해 사용하는 언어), R 등의 자격 요건requirement이 있어서 '나는 안 되겠지'라고 생각했다. 하지만 통계, 데이터, 파이선, SQL, R, 기계학습 등 모든 영역을 커버하는 빅데이터 전공에 대해서 좀더 관심을 갖고 알아보기 시작했다.

여러 학교를 알아보던 중 커리큘럼이 제일 좋으면서 학교 위치나 직장과 병행 가능한 어시스트 빅데이터MBA학과의 매력에 깊이 빠지게 되었다. 학교 이름이 잘 알려지지 않았고, 나는 통계나 IT의 배경지식이 전혀 없기 때문에 어려움이 많을 거라는 이유로 주변에서 만류하기도 했다. 하지만, 컴퓨터와 수학 심지어는 사회 경험도 없는, '빤질빤질'거리며 요령껏 생활해오던 바보 사회 초년생 학생도 정말 열심히 하니까 되더라, 성공적으로 많은 것을 얻어 가더라 하고 이야기가 나오게끔 아주 많은 노력을 쏟을 각오로 진학을 결정했다.

학기가 시작되고 실제로 많은 어려움이 있었다. 한국어가 서툰 상태로 한국에서 일을 하기 시작했을 때와는 다른 어려움이었다. '빅데이터를 위한 수학 리뷰' 과목에서도 용어가 어려웠고, 중간중간에 수업을 따라가기가 어려웠으나 그런대로 번역하면서 따라갔다. 통계 과목에 들어갔을 때는 더 어려운 전문용어들이 나와서 책을 보면 덜컥 겁이 났을 때도 있었다. 수학 실력도 많이 부족했기 때문에 초반에는 가족과 친구들을 보는 시간을 반 이상 줄이면서 공부에 많은 시간을 투자했다. 계속 의심을 갖고 계셨던 부모님도 내가 아주 많이 노력하는 것을 보고 격려해주셨다.

이제 겨우 전공 한 학기를 마쳤고 바로 전공심화가 시작된다. 나는 '아무것도 모르는, 너무나 깊은 망상에 빠졌던 바보 사회 초년생'이라는 것을 항상 느끼고 있다. 회사 대표, 임원, 수학 박사님, 잘나가는 IT 회사의 전무님, 회계법인 컨설턴트 등 다양하고 많은 경력을 가진 분들 사이에서, 고작 패기 하나밖에 없는 내가 잘 할 수 있을까 걱정을 많이 했지만 조금씩 자신감을 쌓아가는 중이다.

빅데이터는 문과 출신이 배우긴 어렵다. 하지만 안 되는 건 없다. 한국어도 서툴지만 인간은 적응하는 동물이라 결국에는 한국어 수업도 생각보다 금방 익숙해졌다. 수학, 통계, 코딩 쪽에서 어려운 부분이나 이해 안 되는 부분은 의지만 있으면 시간을 투자해서 복습(가능하면 예습)하고, 한없이 깊게 파고들어야 하는 부분은 달달 외워서 전략적으로 공부하면 결국에는 다 된다.

이제는 '안 되는 건 없다, 일단 하는 데까진 해보자'라는 마음가짐으로 부닥치면 아주 값진 지식이나 스킬을 얻어갈 수 있다는 확신이 생겼다. 물론 지속적으로 열심히 해야겠지만! 졸업 후에는 학교에서 배우고 얻은 역량을 사회에서 최대한으로 발휘하며 많은 경험을 쌓으면서 멋진 사람이 될 계획이다. 이 분야에서 내가 어느 정도 경지에 올라와서 한 번 더 업그레이드가 필요하다는 생각이 들 때쯤에는 박사학위에도 도전할 계획이다.

In My Personal Note

입학 전형에서 유서현을 면접하면서 사실 걱정이 좀 되었다. "정말 수업을 잘 따라갈 수 있겠니?" 문과 전공에 한국어도 조금 어눌하고 대부분의 교육은 중학교를 제외하고 외국에서 받았기 때문이다. 하지만 보기 드물게 유서현은 빅데이터를 공부하고자 하는 의지가 강했다. 하물며 20대의 여학생이고 스위스에서 최고의 호텔경영학과를 나왔는데, 부모님이 과연 유서현의 결정을 밀어주는지도 궁금했다. 그런데 이런 걱정은 기우였다. 정말 열심히 공부하는 모범생이었다. 학우들은, 특히 IT 분야의 경험이 많은 학우들은 "서현이는 천재성이 있다", "프로그램을 처음 하는 학생인데 IT DNA가 있는 것 같다"라고 칭찬했다. 심지어는 졸업하자마자 유서현을 자신의 회사에 스카우트하겠다고 한 학우도 있었다. 아무리 생각해도 기특하기만 한 재원이다. 앞으로 유서현은 계속적으로 성장할 것이며 자신의 바람대로 멋진 사람이 되는 것은 물론 우리 사회에 공헌도 크게 하는 데이터 사이언티스트로 성장할 것을 믿어 의심치 않는다.

미용실에 간 데이터 사이언티스트

홍수정(미용그룹 마니아)

나는 전형적인 문과생이나 이과생도 아니었다. 외국어는 잘하지만 국어 성적은 형편없었고, 수학은 좋아했지만 산수에 약했고, 화학은 재미있었지만 물리는 너무 싫었다. 역사 선생님을 고등학교 3년 내내 좋아했지만 역사 점수는 한결같이 중간 어디쯤이었던 걸 생각해보면 나는 항상 아이러니 그 자체였던 것 같다.

한문 시험에서 60점 받았던 내가 중국에서 대학을 다니게 될 거라고 누가 상상이나 했을까? 우연히 TV에서 본 중국 여자 리포터의 말투에 반해서 중국어에 흠뻑 빠져버렸고, 홀린 듯 운명인 듯 중국어를 접한 지 반년 만에 중국 유학을 결심했다. 초등학교 때 구몬 수학을 더 열심히 했다면 경영학과를 목표로 했을지도 모르지만, 산수가 발목을 잡은 탓에 베이징대학 법학과를 목표로 잡았다. 하지만 베이징대학은 부동의 중국 대학 순위 1위(세계 순위도 상위권)로 합격하려면 바늘구멍을 통과해야 한다.

예를 들어 인구 1억 명이 넘는 쓰촨성은 수험생만도 35만 명인데, 그중 1~20등까지의 학생들에게만 베이징대학 입학의 기회가 주어진다. 당연히 나의 베이징대학 도전은 험난 그 자체였다. 1년 반 안에 중국어 왕초보에서 중국어로 대학입학시험(우리의 수능체계와 유사)을 볼 수 있을 정도로 중국어 실력을 키워야 했다. 고등학교 2학년 2학기부터 졸업하기까지 매일 학교 끝나면 중국어 학원으로 가서 학원 문 닫을 때 나왔다. 거의 매일 새벽 3시쯤 집에 들어갔고, 아침에 일어나 다시 학교로 가는 생활이 반복되었다. 이런 일과를 무한 반복했지만 첫 입학시험에서 떨어졌다. 당연히 재수를 했고 다시 각고의 반복된 일과를 1년을 더 보낸 끝에 법학과에 합격했다.

입학은 했지만 졸업을 하는 것은 또 다른 고난의 연속이었다. 중국에서도 손꼽히는 수재들과 중국어로 동일한 수업을 듣고, 동일한 시험문제를 풀고, 동일한 졸업 조건을 충족해야만 했다. 논리력, 설득력, 토론이 중요한 법학 과목의 특성은 중국어가 모국어가 아닌 유학생에게 엄청난 핸디캡이었다. 더욱이 중국어를 사용하는 타이완과 홍콩 학생도 유학생으로 분류되었기 때문에, 비중국어권 유학생들은 하위권에서 서로 경쟁해야 했다. 모든 유학생의 목표는 졸업해서 무엇을 하겠다는 꿈을 꾸기 전에 일단 학위를 받기 위해 졸업부터 무사히 하는 것이었다. 그러니 매 학기 학사경고(GPA 2.5 이하)와 퇴학의 기준을 벗어나기 위해 미친 듯이 노력해야만 했다.

1학년 첫 학기 때 성적이 생각보다 잘 나와서 학점 관리해서 장학금에 도전해볼까 하는 생각도 했다(학생들의 성적 순위가 학과 사무실 앞 게시판에 붙여지는데 생각보다 등수가 괜찮았다). 하지만 이는 한때의 착각으로 그 다음 학기부터 학사경고를 피하는 게 유일한 목표가 되었다. 매 시험 때마다 F를 피하기 위해 울면서 공부했던 기억은 아직도 생생하다. 외국인은 중국에서 사법고시에 응시할 수도 없는데, 왜 여기서 이 공부를 하고 있나 하고 후회한 적도 많았다. 하지만 법학과에서 공부했던 내용들이 재미가 있었던 것도 사실이다.

다양한 판례 속에서 법조항들이 어떻게 활용되고 해석되는지 읽다 보면, 상황과 증거라는 퍼즐 조각을 맞춰나가는 추리소설 같았기 때문이다. 기록을 남기는 습관은 어쩌면 이때부터 전문적으로 학습된 것 같다. 사소해 보이는 것이 결정적인 역할을 하게 될 수도 있다는 것을 많은 실례를 통해 알게 되었기 때문이다.

졸업 후 첫 직장은 호텔이었다. 아이러니가 내 인생 키워드 아니던가? 전공과 무관한 서비스업에 종사하게 되면서 정말 아이러니하게도 데이터의 중요성을 몸소 체험하게 되었다. 호텔 업무의 처음부터 끝은 기록이었다. 고객의 예약 상황, 이전 이용 기록 등에 맞춰 객실과 기타 서비스가 제공되었고, 투숙 기간에 있었던 고객의 요청 사항과 특히 컴플레인에 대해서는 고객과 접점에 있었던 모든 직원이 상세하게 기록을 남겨야 했다. 고객 각각의 프로필 파일은 한눈에 알아보기 쉬운 형태로 정리되고, 모든 직원이 동일한 형태로 데이터를 차곡차곡 쌓아나갈 수 있게 프로그램이 잘 짜여 있었다. 남겨진 데이터는 같은 실수의 반복을 막고 더 나은 서비스를 제공할 수 있게 했으며, 고객이 말하지 않아도 니즈를 파악하고 원하는 서비스를 제공할 수 있는 플러스알파를 만들어냈다.

그 다음 직장이자 현재 일하고 있는 곳은 뷰티살롱이다. 쉽게 말하면 미용실이다. 이쯤 되면 '얘는 정말 뭐지?'라고 생각할지도 모르겠지만, 법 · 호텔 · 뷰티업 모두 서비스업이며 고객의 데이터가 중요한 분야라는 공통점을 갖고 있다. 처음 이 업계에 들어왔을 때는 솔직히 많이 놀랐다. 강박적일 정도로 기록을 남겨야 했던 업무 환경에서 근무하다가 여기서는 그냥 버려지는 수많은 데이터를 바라만 보고 있자니 어디서부터 어떻게 일을 시작해야 할지 막막했다.

뷰티살롱 전용 고객 관리 프로그램이 이미 사용되고 있었지만, 기능이 많은 것에 비해 정작 알고 싶은 분석 결과는 볼 수 없었다. 프로그램 업체에 의견 제시도 해보았지만, '무슨 그런 기능까지'라는 답을 듣고는 한계를 깨닫게 되었다. 이게 바로 내가 빅데이터 전공을 선택하게 된 이유다. 미용실을 운영하는데도 인사, 교육, 매장 운영 등 다양한 파트에서 데이터 분석을 통한 의사결정이 이루어져야 한다는 것을 직접 선례를 만들어 보여주고 싶었다.

모든 일이 그렇듯, 의욕은 처음 시작할 때가 가장 높다. 1년 반이라는 재학 기간에 무언가를 확실하게 이루어내고 졸업하리라는 희망은 첫 수업(통계학) 때 먹구름으로 가려지더니, 이어진 R 수업과 함께 우주로 날아가 버렸다. 나는 확실히 문과생이 맞다는 것을 석사과정 시작하고 나서야 알게 되었다. IT, 통계 등 관련 전공자들은 나와는 사용하는 뇌 자체가 달랐다. 초등학교 컴퓨터 시간에 GW 베이직BASIC으로 '학교종이 땡땡땡' 노래를 만들면서 느꼈던 답답함을 1학기 내내 다시 느꼈다.

그리고 인터넷과 문서 작업에 최적화되어 있던 나의 노트북은 다양한 분석 프로그램의 설치와 함께 점점 느려져만 갔다. 하지만 어두운 기운으로 출석만 열심히 하던 내게도 빛과 같은 과목들이 생겨나기 시작했다. 입학 전부터 관심이 있었던 'CRM'과 생뚱맞게도 '파이선'이 그랬다. 'R'에서 이해가 하나도 되지 않던 것이 '파이선'에서는 수학문제를 풀어나가듯, 생각의 흐름을 따라가다 보면 답이 나왔다. '빅데이터 테마 선정/시스템 구축' 수업을 통해 입학 당시 내가 하고 싶었던, 빅데이터 분석을 기반으로 한 사업에 대한 구체적인 도면을 그려볼 수 있었다. '빅데이터 플랫폼 설계/구축/실습'의 종합과목에서는 팀 과제를 하면서, 내가 왜 그 많은 과목을 공부해야 했는지 비로소 이해하게 되었다.

아마 나처럼 비전공자들은 빅데이터의 매력에 취해 꿈을 갖고 본격적으로 공부를 시작했다가 화들짝 놀랄 것이다. 정신을 부여잡고 과정을 따라가다 보면 분명 재미도 있을 테지만, 졸업을 코앞에 두고 논문을 쓰다 보면 다시 좌절하는 순간을 맞을 수도 있다. 하지만 끝까지 포기하지 않았으면 좋겠다. 장담하건데 동기들 중 가장 학습 성취도가 낮았던 나도 빅데이터를 주제로 학회에서 논문 발표도 하고, 칼럼도 연재하고 있으니 말이다! 꿈을 구체화하고 계속 나아갈 수 있게 도와주는 교수님들과 함께 동기들을 믿고 용기 있게 도전해보라고 말하고 싶다.

"열정을 지니고 있는 한, 새로운 기회는 반드시 온다."

• 노먼 빈센트 필Norman Vincent Peale(성공학 연구자)

제2장

새로운 '업'으로 이직한 데이터 사이언티스트

문과 출신이 데이터를 분석하다

진미란(메가존 데이터서비스센터)

"데이터 분석 쪽으로는 업무 경험이 없네요? 학부 전공도 좀 그렇고……." 그나마 수업 중 실습했던 분석 과제와 아직 첫 발도 제대로 못 뗀 논문까지 마구 담아 제출한 이력서 덕분에 서류 심사를 뚫고 어렵사리 얻은 면접 기회에서 단 한 번도 빠지지 않고 받은 평가였다. 경력도 없고 학부도 IT나 통계 비전공자인 내가 데이터 분석가로 이직하기까지 지난 2년간의 여정을 돌이켜보면 즐겁고 아름다운 시간이었다고 결코 말할 수는 없다.

내가 어릴 적에 주위 어른들은 나더러 기자나 변호사가 되면 잘할 거라고 말했다. 토론하고 발표하며 생각을 표현하는 것을 좋아했고, 학급회의 때는 불합리한 일을 고발하거나 친구들의 의견을 대변하는 역할을 맡았다. 국어 선생님, 잡지 에디터 등 나는 줄곧 어떠한 콘텐츠를 누군가에게 전하며 소통하는 일을 하는 사람이 될 거라고 생각해왔다. 그래서 사실 그 핑계로 수학은 일찌감치 내려놓았다. '어차피 나는 문과 체질이니까!'

커뮤니케이션을 전공하고 줄곧 기획과 브랜딩 분야의 업무를 맡아왔다. 데이터 분석 업무는 아니었지만 데이터는 늘 가까이에 있었다. 웹 콘텐츠의 A/B테스트, CRM, 세일즈 데이터부터 시작해 유저들이 남기는 댓글 등을 파악하는 업무를 하며 "왜 이 콘텐츠의 투자대비수익ROI이 더 높을까?", "왜 갑자기 이런 소비 패턴이 보일까?", "고객들이 하고 있는 말이 정말 무슨 의미일까?" 에 늘 관심이 갔다.

효과 예측을 제대로만 할 수 있다면 쓸데없이 '기획안 1', '기획안 2','기획안 최종', '기획안 진짜 최종' 이런 식의 비효율적인 일을 안 해도 될 텐데 하는 불만도 커져갔다. 진짜 데이터가 말하고 있는 게 무엇인지, 그 속에서 어떤 인사이트를 찾을 수 있는지, 어떻게 좀 더 자동화하고 객관성을 높일 수 있는지에 대한 갈증이 계속 커져갈 무렵 빅데이터라는 것에 대해 알게 되었다. 특히 텍스트나 이미지 등의 비정형 데이터도 분석할 수 있었다. 이를 활용해 고객이 원하는 (어쩌면 그들도 자각하지 못하는) '그것'을 파악해 제대로 된 기획 · 마케팅 전략이 가능하다는 말에 가슴이 두근거렸다. 고객이 매장에서 쇼핑하고 있는 그때 그가 사고 싶어 할 것이라는 물건을 예측해 바로 할인쿠폰을 발송하는 그런 시나리오가 가능해지다니!

나는 하고 싶은 게 생기면 앞뒤를 재보지 않고 일단 지르고 보는 성향이다. 빅데이터 분석이라는 분야가 감히 얼마만큼의 깊이를 요구하는 학문인지도 제대로 모르고 무작정 덤볐던 것 같다. 손을 놓은 지 오래라 다시 공부하기가 쉽지 않을 것이라 예상했던 수학은 어쩌면 내가 수학이란 공부를 아예 한 적이 없을 것이라는 절망감을 안겨주었다. 나는 코딩 같은 건 다른 세상사람 이야기라고, 융통성이라고는 없는 이과충들이나 하는 거라고 생각했다. 그런데 역시나 파이선 과목에서 앞부분의 파이선 역사와 특징 이후의 내용부터는 점점 아득하게 느껴지기 시작했다.

'이건 그냥 외국어야, 새로운 언어를 배우는 거지'라는 새로운 관점을 얻기까지는 멀미에 시달려야 했다. 방법은 따로 없었다. 몇 달간 대학생 과외를 구해 고등학교 교과과정인 확률과 통계를 공부했고, 퇴근 후 인터넷 강의를 들으며 R과 파이선을 복습했다. 다행히 같은 과정에 마음씨 좋은 능력자가 많아 소중한 지식도 나눠주셨고, 염치 불구하고 도움을 요청해도 귀찮은 기색 없이 적극적으로 도와주셨기에 낙오되지 않고 잘 버틸 수 있었다. 나름 최대한의 노력을 했지만, 그렇게 해도 워낙 기초가 없어서인지 나아지고 있다는 느낌은커녕 내가 도대체 무슨 선택을 한 건지, 어디만큼 와 있는 건지에 대한 물음에도 쉽게 답할 수 없던 나날의 연속이었다.

어시스트 빅데이터MBA학과를 선택한 이유는 저마다 다르겠지만, 나는 '어떻게'까지는 잘 몰라도 일단 빅데이터 분석 기술을 잘 적용해 기획 · 마케팅에 응용해보고자 했다. 어쩌면 빅데이터 분석이라는 험난한 과정을 거쳐 기획안 등의 2차 생산물까지 만들어내는 건 나에게는 과한 욕심처럼 느껴졌기 때문이다. 분석 자체가 너무 벅찼다. 하지만 이런 비즈니스적인 시각은 점차 분석 자체로 옮겨갔다. 일단 재미는 있었다. 원래 빨리 배우고 금방 싫증을 내는 유형이라 빅데이터 분석은 빨리 안 배워져서인지 아직까지 싫증을 '못'내고 있다.

데이터베이스에 저장된 데이터를 가져오는 것도 생소했기에 SQL 문법을 더 배워보려고 하면, 어느새 진도는 R 프로그래밍으로, 다시 파이선으로 이어졌고, 이제 나는 import sklearn(파이선에서 머신러닝 사용을 위해 패키지를 불러오는 문법)을 겨우 치고 있는데 벌써 머신러닝과 신경망이라니! 내가 보는 게 화면이 아니고 종이였다면 찢어버리고 싶은 마음이었다.

자기 효능감은 매일 바닥을 쳤지만, 묘하게도 내가 나에게 스스로 응원하고 있었다. 점점 정신을 잃어가고 있는 게 분명했다. '이왕 이직을 할 거 빨리 부딪쳐보자'라는 근거 없는 판단을 바탕으로 이력서를 새로 다듬고 구인 공고를 찾아보기 시작했다. 목표는 8개월 안에 데이터 분석 분야로 이직하는 것이었다. 촉망 받는 분야여서인지 일자리는 많아 보였고 직무 기술서는 누가 읽어도 설렐 만큼 흥미로운 업무가 많았다. 이력서를 공개해놓자 꽤 많은 헤드헌터head hunter에게서 연락을 받았고, 그중 내 관심 분야와 업무에 맞는 몇몇 회사에 지원했다.

하지만 결과는 서류 탈락이었다. 운 좋게 면접 기회를 얻더라도 달콤한 희망과 기대는 오래가지 못했다. 어떤 프로세스 맵을 따라 어떤 알고리즘을 사용해 문제를 해결할 것인지를 말해보라는 회사도 있었고, 면접 전까지 분석 과제를 주는 기업도 있었으며, 심지어는 코딩 테스트를 보는 기업도 있었다. 그렇게 기회가 왔던 면접에서 초반부터 와장창 깨지며 나름 나 자신을 분석하기 시작했다. 직무 기술서에서 대부분 공통적으로 확인되는 사항은 경력은 2~3년, 전공은 컴퓨터공학 혹은 수학과 출신이었다. 머신러닝 · 딥러닝 분야의 역사가 그리 길지 않아서인지 몇몇의 일류 대기업 외에는 아직 요구하는 경력이 그리 길지 않았고, 대부분 2~3년의 경력이면 이직이 가능했다.

돌파구를 찾기 위해 나름의 전략을 세웠다. 데이터 분석에 여러 분야가 있지만 내가 가고자 하는 방향을 명확하게 정했다. 그리고 오픈 사이트에서 비슷한 필드의 데이터로 연습한 내용도 이력서에 올려 조금 더 흥미로워 보이도록 만들어나갔다. 컨설팅 분야에서 일하는 지인의 도움을 받아 지난 경력도 최대한 데이터 분석에 가깝도록 이력서를 수정했고, 논문을 포트폴리오로 최대한 활용하기 위해 계속해서 공부해나갔다. 논문을 포트폴리오로 활용하고자 한 시도는 좋은 아이디어였다.

면접 기회를 준 회사는 대부분 내가 쓰고 있던 논문에 대해 관심을 보였고, 그래서 더욱더 동기부여가 되어 관련 선행 논문을 읽으며 업데이트해 나갔다. 덕분에 초반에 본 면접에서보다 후반부의 면접에서는 더욱 깊이 있는 답을 할 수 있었다. 그리고 그동안 기획 분야의 업무를 해와서인지, 데이터를 통해 어떻게 비즈니스 모델을 구축 · 확장하고, 어떻게 수익을 창출할 수 있을지에 대해 관심이 있었다. 칼럼 등을 찾아 읽으며 데이터 통합data generalization이나 데이터 정규화data scaling 측면, 앞으로 더욱 활성화될 데이터 분석 오픈소스open source 등에 대해 숙지하고, 컴퓨터공학이나 수학 전공은 아니지만 어시스트 빅데이터MBA학과에서 필수적인 다양한 과목을 수학한 이점을 어필했다. 이 부분은 임원 면접에서 좋은 영향으로 작용했다.

메가존Megazone에 입사하게 된 것은 그동안 준비한 모든 점을 잘 버무려낼 수 있는 타이밍을 만났기 때문인 것 같다. 그동안 계속 공부해온 논문에 대해 좀더 깊이 있게 이야기할 수 있었던 것도 매우 중요하게 작용했다. 논문에 사용한 기법에 대한 이론적 지식을 설명하며, 그 기법을 왜 내가 가진 데이터에 적용하고자 했는지, 내 데이터에 적용해 응용하기에 어려운 점은 무엇인지를 이야기했다. 또한, 데이터 분석에 대한 나의 지식과 능력뿐 아니라, 데이터 분석을 어떻게 비즈니스에서 활용할 수 있을지, 한마디로 데이터 분석을 통해 어떻게 수익value을 창출할 수 있을지에 대해 고민했다는 점을 강조했더니 큰 관심을 보였다.

면접 전 회사에 대해 조사하며, 이 회사는 자체 내에 데이터가 있는 것이 아니라, 고객사의 데이터로 수익을 내는 구조임을 파악하고 준비했기에 플러스 점수를 딸 수 있었다고 생각한다. 그리하여 이제 막 데이터서비스센터팀에서 데이터 엔지니어data engineer라는 타이틀을 얻었지만, 아직도 실감이 나지 않는다.

메가존은 소프트웨어 개발·공급과 디지털 서비스digital service 분야에 다양한 사업을 펼치며 성장해나가는 회사다. 그동안 구축한 경험을 바탕으로 데이터 웨어하우스data warehouse, 데이터 레이크data lake 구축 및 머신러닝·딥러닝 기술로 분석한 인사이트를 최종 사용자 단계end-user-stage까지 적용시키는, 데이터 관련 A–Z 서비스를 제공하는 회사다.

내가 속한 분석 팀에서 현재 진행하고 있는 프로젝트는 SPC사의 오프라인숍 방문 고객의 얼굴을 인식하여 데이터로 저장시키는 것이다. 내가 관심을 두고 있는 이미지 데이터 분석을 본격적으로 적용할 수 있는 좋은 기회가 될 것 같아 기대가 크다. 비즈니스 특성상 오프라인숍 방문 고객의 수가 온라인 방문 고객의 수보다 월등히 많지만 데이터 수집이 쉽지 않다. 이번 프로젝트는 이런 한계를 넘어서기 위한 시도로 매우 흥미롭다. 향후 수집된 이미지 데이터로 어떤 상품을 선택하기까지 소요되는 시간이나 얼굴 표정 등을 활용해 상품에 대한 고객의 평가를 읽을 수 있음은 물론, 마케팅에도 활용할 수 있게 될 것이다.

In My Personal Note

어렵게 이직한 직장에서 행여 회사의 기대에 못 미칠까봐 걱정하는 진미란에게 나는 말했다. "자신을 가져! 너만큼 공부 제대로 열심히 하고 비즈니스적인 관점에서 실력을 갖춘 인재는 없어!" 괜히 격려하는 말이 아니다. 진미란은 데이터 사이언티스트로서 자신만의 역량을 충분히 갖추고 있다. 혹시라도 기술적인 측면에서, 프로그램 측면에서 어려움을 겪는다면, 사내에 그런 능력을 갖춘 동료들을 활용하거나 아니면 학교로 들고 오면 된다. 어시스트 빅데이터MBA학과 동문회의 특징은 영원한 연구 · 문제 해결 · 협업 커뮤니티라는 것이다. 진미란이 가져오는 것들은 동문들이나 재학생들에게 아주 좋은 실습 과제가 되기에 서로 윈윈이다. "나의 짐을 가볍게 할 수 있는 유일한 방법은 항상 남의 짐을 가볍게 해주려고 애쓰는 것이다." 내가 동문회 때 우리 졸업생과 재학생들에게 강조하는 말이다.

지금은 잠을 잘 잔다

윤희우(씨에스리)

2017년 6월 23일 오늘도 새벽 3시에 잠이 깼다. 새벽 1시에 잠이 들었는데, 벌써 또 잠이 깨버렸다. 거의 한 달째 잠을 잘 못 잔다. 그래서 그냥 누워 있다. 누워서 앞날에 대한 걱정만 하고 있다. 아내는 거의 매일 생활비 부족을 이야기한다. 거지같이 산다고 불평한다. 그 집사람이 옆에 자고 있다. 나는 걱정에 잠이 안 오는데……. 아이들이 아직 어리다. 20년은 더 일해야 아이들을 대학에 보낼 텐데, 그때까지 일을 할 수 있을지, 무슨 일을 해야 할지 모르겠다. 지금 다니는 회사는 60세 정년이고 55세부터는 급여가 줄어든다. 60세에 정년퇴직하면 어디서 받아줄까?

7월 12일 회사(LG CNS) 생활이 참 재미없다. 연일 야근에 주말 근무로 몸도 힘들지만, 프로젝트의 상황이 좋지 않아 즐겁게 일할 기분이 안 난다. 토요일인데 출근해서 대책회의만 하고 있다. 이름은 대책회의지만 대책은 잘 안 나온다. 매일 저녁에 야근하지만, 팀장들만 야근하고 개발자들은 퇴근하고 없다. 그리고 10시에 마감회의를 한다. 마감회의에서 그날의 실적을 체크한다. 개발자들이 가고 없는데, 실적을 어떻게 올리나. 이렇게 상황이 좋지 않은 프로젝트를 4년째 하고 있다. 이 생활에서 벗어날 수는 없을까?

8월 30일 내가 잘하는 것은 무엇일까? 대기업에 입사해 여러 부서에서 여러 가지 일을 했지만, 잘하는 것이 무엇인지 물어보면 특별히 잘하는 것은 없는 것 같다. 그냥 일하는 방법에 익숙한 것뿐이다. 다른 회사 면접에서 잘하는 것이 무엇인지 물어보면 뭐라고 대답해야 할지 모르겠다. 패기도 없어진 것 같다. 대학 때 해병대에 가서 군장을 빌려오고, 교회에서 의자를 빌려오던 그 패기는 어디로 간 것인지, 20년의 대기업 생활이 나를 바보로 만든 것 같다.

12월 27일 오늘 22년을 다닌 회사에 마지막 출근하는 날이다. 22년의 기간을 어떻게 살았는지, 시간이 너무 빨리 지나간 것 같다. 입사하여 대법원 등기부 전환, 무역보험공사, 기술연구 등으로 재미있게 일했다. 일 잘한다는 평가를 받았다. 그런데 그 평가가 독이 되었다. 좋은 대학 나와서 일 잘한다는 평가를 받으니, 더 노력을 안 했다. 외부 세미나에 발표도 하고 패널 토의에도 나갔지만, 그래서 전문가라는 소리를 들었지만, 사실 나는 잘 몰랐다. 제대로 공부하지 않아 잘 모르면서 아는 척을 했던 것이다.

2018년 1월 2일 새로운 회사에 출근했다. 30명 정도 되는 작은 회사다. 이전의 대기업과 달리 재미있게 일할 것을 기대해본다.

1월 5일 사람들이 이 회사에 왜 왔는지 물어본다. 무엇을 하고 싶은지 물어본다. 나는 이 회사에 왜 온 것일까? 오래 일하기 위해서? 아님 이전에 직장 생활이 재미없어서? 면접 때는 빅데이터 분석을 해보고 싶다고 말했는데, 사실 나는 아는 것이 없다. 예전처럼.

1월 20일 빅데이터 분석을 공부해야겠다. 그냥 여기저기 자료를 찾아보고 아는 체하는 수준이 아니라, 직접 코딩하고, 분석하고, 결과를 도출할 수 있는 수준의 전문가가 되어야겠다. 빅데이터를 교육하는 곳을 찾아보았다. 서울과학종합대학원, 빅데이터MBA학과, 처음 들어보는 학교다. 교과과정은 짜임새가 있네!

3월 2일 23년 만에 학교에서 수업을 받는다. 이 수업이 나의 미래를 어떻게 바꿀지 모르겠다. 예전보다 좀더 재미있을 것이다. 그리고 대기업의 이름이 아니라 내 이름으로 전문가가 될 것이다.

4월 20일 오늘 지난 3월에 제출한 국가 R&D 과제를 수주했다. 각 가정의 가전기기별 전기 사용량을 측정해 사용 패턴을 분석하고, 각 가정에 맞춤형으로 전기료를 20퍼센트 절감하게 하는 솔루션을 개발하는 과제다. 새로 들어온 회사에서 조기에 성과를 창출해서 기분이 좋다. 이 과제를 수행하려면 빅데이터 분석 및 AI를 적용해야 한다. 회사를 옮기면서 막연히 구상했던 빅데이터 분석 전문가의 길이 학교에 입학하면서, 그리고 관련 과제를 수주하면서 조금은 가까워지는 것 같다. 이직부터 하고 이직한 업무를 제대로 하기 위해 공부를 시작했지만 순서가 무슨 상관이겠는가?

7월 5일 1학기 수업이 끝났다. 디지털 마케팅, 빅데이터 분석 방법론, 빅데이터를 이용한 경영혁신 사례 연구 등의 과목들이 기억에 많이 남는다. 디지털 마케팅은 검색 키워드 분석, SNS 분석 등을 통해 마케팅 포인트를 찾는 방법으로 마케터들의 데이터 수집 노고를 덜어주고, 실제 고객의 소리에 귀를 기울일 수 있는 방법인 것 같다. 빅데이터를 이용한 경영혁신 사례는 워비파크warby parke라는 적정 가격의 디자이너 안경을 만들고 판매하는 과정에서 빅데이터를 활용한 사례를 봄으로써, 신사업개발 시 데이터의 중요함을 깨달을 수 있었다. 장학금을 받았다. 많지는 않지만 기분이 좋다.

9월 20일 각 가정의 전기를 아낄 수 있는 방법이 대기전력을 차단하는 것이지만, 플러그를 뽑고 다시 꽂는 과정이 불편해 실제로는 잘 되지 않는다. 그래서 자동으로 대기전력을 차단하고 복원시켜주는 것이 필요하다. 각 가정의 가전기기별 전기 사용 데이터를 분 단위로 수집하고 빅데이터 분석 기법인 클러스터링 기법, SVM, Decision Tree 등의 기법을 사용해 대기 상태를 판별했다. 1개월치를 분석해 1시간 이상 연속적으로 대기 상태인 구간은 자동으로 차단할 수 있을 것 같다. 대기전력 자동 차단과 조명 제어, 모니터링을 묶어서 사업화를 고민하고 있다. 스마트플러그를 좀 싸게 만들 수 있으면 사업화할 수 있는 좋은 아이템인데, 이것이 고민거리다.

2019년 1월 8일 빅데이터MBA학과 동문의 주선으로 부산 동명대학교의 AI교육센터 설립에 참여하게 되었다. 연구 중인 가정의 가전기기별 전기 사용 패턴을 분석하는 방법을 빅데이터/AI 교육에 활용하면 될 것 같다. 교육이 잘 진행되면 부산의 스마트시티 사업에 참여할 수 있지 않을까.

1월 30일 회사를 옮기고, 대학원에 다니고, 새로운 연구를 진행하고, 지난 1년은 새로운 모험이고 도전이었다. 금전적으로나 타인의 시선에서나 회사를 옮기면서 손해를 많이 보았다. 아직도 집사람과 아이들은 왜 옮겼냐고 투덜거린다. 어쨌든 1년이 지났고, 지금은 잠을 잘 잔다.

In My Personal Note

윤희우 수석연구원은 대기업에 다니다가 빅데이터 분석을 하기 위해 조그만 회사로 이직했다. 그리고 빅데이터 분석을 배우기 위해 어시스트에 입학했다. 학교에 간다고 하니까 아마도 윤희우 수석연구원의 아내가 찬성하지는 않았을 것이다. 이런 아내를 설득하기 위해서 빅데이터MBA학과 입학 설명회에 아내와 같이 왔다. 입학 설명회가 끝나고 마련한, 참석자들과 함께한 치맥 모임에도 아내가 왔다. 윤희우 수석연구원은 공부 체질인가 보다. 지금까지 모든 과목에서 A+를 받았다. 하긴 정보통신기능사 자격을 취득했으니! 가까운 미래에 윤희우 수석연구원이 '자신만의 데이터 사이언티스트'로 맹렬히 활약할 것임은 틀림없다. 자신도 그럴 자신이 넘치나 보다. 그러니까 요즘은 그렇게 잠을 잘 자지.

인생에 쓸모없는 우연은 없다

이인용(디비 디스커버)

나는 2018년부터 본격적으로 데이터 분석을 업으로 하고 있다. 데이터 분석 컨설팅 업체에서 고객사의 비즈니스 목적에 맞게 데이터를 분석해 모델링하고, 필요하다면 기능별로 프로그래밍과 모듈화하는 일을 한다. 이제 갓 1년을 넘긴 터라 아직은 데이터 분석 업무의 맛만 본 정도다. 데이터 사이언티스트로 불릴 수 있게 되기를 희망하지만, 앞으로도 몇 년은 더 밀도 있게 공부하고 경험을 쌓아야만 초보 데이터 사이언티스트라고 소개할 수 있을 것이다. 지금은 데이터 분석 툴을 조금 활용할 수 있는 소프트웨어 개발자 정도가 아닐까 싶다.

어시스트 빅데이터MBA학과는 2017년에 졸업했다. 처음부터 데이터 분석 커리어로 이직하기 위해 공부를 시작한 것은 아니었다. 가까운 미래에 뭔지 모를 시장 변화에 적응하기 위해 꼭 필요한 기술이 아닐까 하는 막연한 마음에 제대로 공부해보자고 다짐한 것이 2015년이었다. 나는 빅데이터 분야에 완전 문외한은 아니었다. 대학 학부에서 산업공학을 전공하면서 통계와 데이터 마이닝을 배웠고, 졸업 후 소프트웨어 개발자로 6년 정도 일하면서 코딩에도 익숙했다. 그 이후에는 마케팅 매니저로 8년 정도, 구글 애널리틱스와 페이스북 광고 툴을 활용해 전환율을 높이기 위한 디지털 마케팅에 집중하기도 했다. 하지만 데이터 분석과 관련해서는 내가 제대로 일하고 있다는 확신이 없었고, 당장 쓸 일은 없겠지만 AI와 머신러닝도 알고 싶다는 생각에 입학을 결정했다.

보통 직장인 대상의 일반적인 MBA 과정은 공부보다는 네트워킹이 주 목적인데 반해, 어시스트 빅데이터MBA학과는 정말 빅데이터 공부가 필요해 입학하는 곳이라서 공부가 만만치 않았다. 빅데이터 전공과목은 2주마다 새로운 과목을 배우는 것이 꽤나 버거웠는데, 특히 학부 때 수학과 통계학을 더 열심히 공부해놓지 않은 것이 후회되었다. 입학할 때에는 "그래도 과정을 충실히 따라가서 끝날 때쯤이면 어느 정도 기본기는 되겠지" 하는 기대를 했는데, 졸업 즈음엔 "아직도 갈 길이 멀구나" 하는 생각이 들었다. 배스킨라빈스31에서 모든 아이스크림을 크게 한 숟갈씩 맛만 본 느낌이었다.

교과과정 내용이 기초적이라거나 콘텐츠가 부족하다거나 하는 이야기가 아니라, 데이터 과학이 그만큼 범위가 넓어 공부해야 할 것이 많으며, 부단히 연습해서 체득해야 한다는 걸 절감했다는 의미다. 전공심화 수업에서는 잠깐 한눈팔다가는 따라가기 어려울 정도로 넘치는 내용과 자료가 제공되며, 종합 실습 프로젝트와 논문 제출까지 빡빡한 일정을 소화해야 했다. 졸업을 했어도 아직 부족하다는 느낌이었고, 배운 것을 집중해서 써먹지 않으면 완전히 내 것이 되지 않을 것 같다는 생각에, 가능하다면 데이터 분석만 집중해서 할 수 있는 일을 몇 년은 해봐야겠다는 생각을 하게 되었다.

다행히 나는 데이터 분석 컨설팅 기업에 입사할 수 있었다. 입사 첫날부터 분석 컨설팅 단계가 진행 중인 고객사로 출근해 매일같이 미팅에 미팅을 거듭했는데, 이때부터 참 많은 것을 실전적으로 느끼고 배웠다. 고객의 요구사항을 파악하면 그 요구를 해결하기 위해 정해진 시간 내에 사례를 수집하고 수많은 논문을 조사한 후, 제안 사항을 정리해 고객사에 보고하고 컨펌을 받았다. 빡빡한 일정에 이 단계가 무사히 정리되어야 실제 모델링의 단계로 넘어갈 수 있기 때문에, 어려운 논문을 이해한 후 보고서 장표 구성에서부터 커뮤니케이션에 이르기까지 고객이 이해할 수 있는 언어로 효과적으로 전달하기 위해 두 달 반 동안 많은 고민의 시간을 보냈다.

분석 컨설팅이 잘 마무리된 후에 이어진 분석 모델링과 시스템 구현 단계에서도 여러 고비가 있었다. 일단, 분석할 데이터가 없었다. 공개된 데이터 중에 유사한 데이터를 찾았고, 없는 데이터는 예상되는 데이터 형태와 비슷하게 생성해 모델링의 버전에 따라 수정해가며 사용했다. 모델링해야 하는 내용 중 명확히 이해가 안 되는 부분은 통계학 또는 수학 교수님들께 자문을 해서 이해한 후, 어떤 식으로 적용해야 할지 결정해야 했다. 시스템에서 분석 모듈이 실시간으로 돌아야 했기 때문에, 기획된 분석 모델들을 웹 기반 사용자 서비스RESTful API로 설계하고 동기 · 비동기 태스크task를 나누어 웹 프레임워크web framework화해야 했는데, 이 과정에서 힘에 부치는 부분들은 지인들에게 도움을 청해 해결하기도 했다.

분석 모델에 필요한 메타 데이터를 생성하고 분석 모델의 성능이 꾸준히 좋아지도록 하기 위한 배치 작업도 설계 · 구현해야 했고, 테스트 데이터가 쏟아져 들어오면서부터는 소프트웨어 기능 테스트는 물론이거니와, 분석 결과가 적절한지에 대해서도 끊임없이 검증해야 했다. 고객사의 내부 사정에 따른 변경 사항이나 요청 사항 처리, 모母회사 요구 사항 처리, 팀 내에서 개발 업무 배분와 피드백, 버전과 배포 관리 등 어느 하나라도 소홀히 할 수 없었다.

이렇듯 처음 맡은 프로젝트에서 운 좋게도(?) 분석 컨설팅부터 분석 모델링과 시스템 기획, 분석 모듈 개발의 전 과정을 1년에 걸쳐 진행하게 되었고, 이제 고객사에서는 데이터 분석에 기반한 신상품 출시를 앞두고 있다. 분석 과제 수행 시 기존 사례와 논문을 조사하고 논문에 달린 다른 데이터 사이언티스트들의 깃허브github 소스를 분석하며 많이 배웠다. 물론 논문의 알고리즘을 소스로 구현하고, 과제의 목적에 맞게 변용하기 위해서는 수학적 기초가 중요하다는 것도 절감했다. 분석 과제를 정의하고 진행할 때에 커뮤니케이션 능력은 아무리 강조해도 지나치지 않을 정도로 중요하다는 것도 느꼈다.

또 분석의 내용을 분석 용어가 아닌, 누구나 알아들을 수 있는 말로 풀어낼 수 있어야 하며, 고객이 스스로 무엇을 원하는지 분명히 정의하지 못하고 있는 경우, 어떤 분석을 통해 비즈니스에 도움이 되게 만들 수 있는지 제안할 수 있어야 일이 진행될 수 있다는 걸 확인했다. 분석의 과정과 결과가 시스템에 적용되기 위해서는 개발 스킬셋skill set도 꾸준히 갖춰야겠다는 생각이 들었다. 분석 모듈을 개발하는 파트가 따로 있다고 하더라도, 시스템화에 대한 부분을 알고 모델링하는 것과 모르고 하는 것에는 차이가 있기 때문이다.

앞으로 여러 프로젝트를 진행하며 다양한 데이터 처리와 분석 기법을 익히게 될 것이다. 분석 관련 스킬셋 외에도 통계학과 수학 공부를 꾸준히 해서 더욱 근본적인 이해와 응용이 가능한 단계로 나아가고 싶다. 진정한 데이터 사이언티스트가 될 수 있을지는 아직 자신이 없지만, 데이터 분석만이 내 커리어의 최종 목적지는 아니라고 생각한다. 개발, 마케팅, 데이터 분석에 또 무언가가 더해져서, 이 세상에서 내가 해야 할 일이 아직 남아 있을 것이라는 막연한 생각이 든다.

스티브 잡스의 2005년 스탠퍼드대학 졸업식 연설문의 첫 번째 이야기인 'Connecting the dots'처럼, 하고 싶은 일을 선택해 매 순간 수처작주隨處作主, "머무르는 곳마다 주인이 되는" 마음가짐으로 임하다 보면, 나중에 돌아보며 비로소 점들을 선으로 연결해볼 수 있지 않을까?

웹을 활용해 인공지능을 사용할 수 있다면

이인현(딥코어 AI팀)

다양한 분야에서 다양한 업무 경험을 쌓는다는 것이 커리어에 독이 될까? 득이 될까? 당장에는 득이 될 것 같지만, 현실에서 많은 회사는 한 분야에서 꾸준히 경력을 쌓아온 소위 스페셜리스트를 선호한다. 이것을 누구보다 잘 알고 있기에 새로운 도전을 할 때마다 내가 얻게 될 것들과 잃게 될 것들을 철저히 파악하고 도전할 수밖에 없었다. 하지만 내가 이루어야 할 일들을 마음속에 품고 있기에, 내가 실력을 키울 수 있는 분야가 있다면 업종, 직종, 연봉, 안정성, 타인의 평판 등에 구애받지 않고 과감히 도전해왔다.

대학교에서는 한의학과 의료공학을 접목한 한방시스템공학이라는 다소 생소한 학문을 전공했다. 연구실에서 가정용 진단 의료기기인 설진기舌診機의 영상처리 인공지능 알고리즘을 구현했다. 당시에는 딥러닝을 몰랐던 시기여서 룰 기반rule-based의 영상 처리를 할 수밖에 없었다. 터치스크린 화면과 디지털 카메라를 장착해 셀카 촬영을 하도록 하드웨어를 구성했다. 셀카 촬영을 하면 혀의 영역을 자동으로 추출하고, 혀에 낀 이끼, 즉 설태舌苔의 비율을 자동으로 추출하는 알고리즘을 구현했다. 특허 출원 2건의 발명자로 등재되어 나름 보람도 있었다.

하지만 한방의료공학을 주제로 취업하기에는 어려움이 있었다. 완성차 업체에 취업해 약 5년간 서비스, 투자 분석, 마케팅 업무를 담당했다. 자동차 회사 경력을 기반으로 약 4년간 유통회사에서 사업 기획, IT 기획, 유통 기획 업무를 담당하게 되었다. 약 9년간의 회사 생활을 통해 비즈니스에 대한 인사이트를 얻을 수 있었지만, 차별화된 가치를 창출하기에 어려움이 있었다. 비즈니스에 대한 역량을 기반으로 인공지능, 빅데이터, 웹web을 결합한다면 큰 가치를 창출할 수 있을 것이란 생각을 하게 되었다. 실무 위주로 최신 기술을 학습하는 데 최적화된 교육 환경을 찾던 중 어시스트 빅데이터 MBA학과를 알게 되었다.

학교 생활은 만족스러웠다. 입학 당시 나이가 36세여서 많은 축에 속할 것으로 생각했으나 딱 중간이었던 것 같다. 딥러닝의 대가 제프리 힌턴Geoffrey Hinton이 70세가 넘는 나이에도 꾸준히 자신의 일에 매진하는 것을 보면서, 평생 동안 내가 가치 있는 무엇인가를 할 수 있고, 그것을 발견하게 된 것이 얼마나 감사한지를 느끼게 되었다. 수업시간에는 가족과의 행복한 주말 시간을 반납하고 하나라도 더 배워가려고 고군분투했던 형님들이나 누님들의 치열한 학구열이 인상 깊었다.

학교 수업은 빅데이터와 관련된 분야에서 최신 기술을 최고로 잘 아는 교수님들을 초빙해 강의를 하는 방식이어서 많은 도움이 되었다. 인공지능과 빅데이터 분야에서는 소위 '왕년에'라는 말이 잘 통하지 않는다. 오늘 나온 기술이 어제의 기술을 완전 대체할 수 있기 때문이다. 그런 측면에서 학생들이 배우고자 하는 분야를 기민하게 파악하고, 그에 적절한 교수님을 신속하게 배정하는 학교 시스템이 가장 많은 도움이 되었다.

팀 과제 중에는 딥러닝 기법을 기반으로 가상의 염색 시뮬레이션을 보여주는 인공지능 뷰티숍 프로젝트도 있었다. 자신이 염색을 했을 때 어떠한 모습일지를 인공지능이 이미지로 알려주는 프로그램이었다. 검정색 머리를 노란색으로 노란색 머리를 검정색으로 변환시켜주는 시스템을 직접 개발하면서 딥러닝의 효과를 톡톡히 체험했다. 종합실습 프로젝트로는 주식 분석 시스템을 개발하기도 했다. 시계열 분석 기법 중 하나인 LSTMLong Short-Term Memory을 활용해 주식 가격을 예측하는 시스템이었다. 주식 시세를 가져오는 APIApplication Program Interface와 이를 저장·가공하는 클라우드 기반의 데이터베이스, 인공지능을 구현하는 백엔드back-end, 예측된 주식 시세를 동적으로 볼 수 있는 프론트엔드front-end를 통합·구현해 전반적인 시스템의 완성도를 높일 수 있었다. 학교 수업을 통해 데이터 가공에 대한 유연함을 갖추었기에 짧은 시간에 만족스러운 프로젝트를 완성할 수 있게 되었다.

현재 내가 추구하는 나의 모습은 제너럴리스트다. 조금 웃기고

무모한 이야기로 들리겠지만 내가 추구하는 나의 모습은 한 분야만을 깊게 아는 I자형의 스페셜리스트도 아니고, 많은 부분을 두루 알고 한 분야에 뛰어난 T자형 인재도 아닌, 많은 분야를 전반적으로 수행할 수 있는 조금 두꺼운 핫바 같은 ㅡ자형 인재다. 현재 나는 'BBDAF(비비다프)'라는 단어를 모토로 개인 프로젝트를 진행하고 있다. BBDAF는 비즈니스, 백엔드, 데이터베이스, 인공지능, 프론트엔드의 약자로 나를 스스로 발전시키기 위해 필요한 역량들을 약자로 만든 것이다.

현 시대의 기술은 한 개인의 역량으로 하나의 인공지능 시스템을 만들 수 있을 만큼 충분히 효율적인 상태라고 생각한다. 파이선이라는 언어만 봐도 단 하나의 언어로 서버, 데이터 처리, 인공지능, 시각화, 심지어 프론트엔드까지 개발이 가능하다. 자바JAVA, C와 같은 언어로 개발해본 경험이 있는 사람이라면 가히 충격적인 효율성이라고 느낄 것이다. 현재는 개인 프로젝트로 인공지능 전문가들이 아닌 일반인들도 인공지능을 경험할 수 있도록 하는 교육용 웹 개발을 진행 중에 있다. 누구나 웹을 활용해 인공지능을 사용할 수 있다면, 더 많은 가치를 창출할 수 있다고 생각한다.

학교 재학 중에는 스위스 로잔경영대학의 빅데이터MBA 공동학위를 선택해 스위스 석사학위까지 취득할 수 있었다. 또한 인공지능 스타트업의 대표에게서 스카우트 제의를 받아 재학 중에 취업이 되었다. 입사한 회사에서 1년 동안 데이터 가공을 활용한 주식분석 시스템을 개발했다. 학교에서 배운 데이터 가공 기법을 주식분석 시스템에 적용해 주식 매매 지표들을 발굴했으며, 업무 자동화를 달성했다. 담당자 5명이 매일 2시간 이상 작업하던 엑셀 업무를 개발한 지 두 달 만에 원클릭 시스템으로 완전 자동화했다. 과거에는 엑셀 작업으로 손이 바빴지만 이제는 좋은 종목을 발굴하느라 머리가 바쁘다는 담당자들의 아이러니한 피드백도 듣게 되었다.

빅데이터 석사학위는 운전면허와 같다. 얼마나 실전에 적용하느냐에 따라 카레이서가 될 수도 있지만, 장롱면허가 될 수도 있다. 제너럴리스트가 되고자 하는 나는 빅데이터 운전면허를 활용해 앞으로 어떠한 가치를 창출해야 할 것인가? 아마도 극한의 기술을 통해 흥미를 불러일으키는 카레이서보다는 비즈니스를 통해 많은 사람에게 가치를 제공하는 화물차 기사와 같은 역할이 어울릴 것 같다는 생각이 든다. 나를 대상으로 한 제너럴리스트 실험은 현재도 진행 중이다.

익숙하고 친근하고 사랑스럽기까지

김미현(엑셈 빅데이터사업본부)

1994년에 효성그룹 신입사원으로 입사해 그룹사 정보시스템 개발 업무를 담당했다. 이후에는 다양한 IT 회사로 옮겨다니며 IBM메인 프레임, 클라이언트 서버Client Server, 4GL4th-Generation Propramming Language, 웹, 객체 지향, 자바프로그래밍, 모바일, 소프트웨어공학, CMMICapability Maturity Model Integration, ITSM&거버넌스, BPR&ISP, ISO27001 등 다양한 요소 기술을 직접 경험했다. 그리고 개발자, 프로젝트 매니저PM, 컨설턴트, 품질 담당자 등 여러 포지션에서 수많은 프로젝트를 수행했다. 또한 운이 좋게도 제조, e-커머스, 은행, 보험, 증권, 통신사 등 여러 산업에 걸쳐 대표적인 고객사에서도 프로젝트를 수행했다.

2005년에 정보관리 기술사 공부를 하던 중 우연히 본 정보시스템 감리사 시험에 합격해 SI프로젝트 수행과 더불어 공공기관 정보시스템 감리도 틈틈이 하면서 진화하는 IT 분야의 흐름을 따라가기 위해 최선을 다했다. 2008년에는 하나은행 IT기획부로 옮겨서 차세대시스템 구축, 거버넌스체계 구축 사업 등을 발주하면서 고객사 담당자로서도 값진 경험을 했다.

2015년 늦가을, K-ICT 빅데이터센터 고도화사업의 설계 감리 '총괄감리인'으로 참여하면서 '빅데이터'라는 분야에 관심을 갖게 되었다. 해당 사업은 한국정보화진흥원NIA에서 빅데이터 산업 육성 및 활성화를 위해 구축한 빅데이터 플랫폼인데, 처음 접하게 되는 오픈소스 기반의 하둡ECO시스템, 인프라, 빅데이터 분석가·개발자를 위한 이용자 분석 환경 등 모든 게 새로운 분야였다. 총괄감리인으로서 분야별 감리인들과 감리 수행 기간 내내 야근을 하며 스터디도 하고, 프로젝트 수행사 인력들에게 질문도 하면서 빅데이터 분야를 이해하기 위해 노력했다. 야근까지 하면서 열심히 일하는 모습 때문인지 수행사 PM에게서 스카우트 제의를 받았고, 2016년에 빅데이터&인공지능 전문회사인 엑셈 빅데이터사업본부에 입사하게 되었다.

소프트웨어 분야 경력이 20년이 넘었지만, 나에게 빅데이터 분야는 새롭고 낯설었다. 밤마다 회사에 남아서 하둡ECO시스템부터 하나하나 공부를 시작했다. 데이터 수집, 저장, 처리 단계별로 하둡, Hive, Scoop 등을 하나씩 공부하고, 엔지니어들과 회의했던 내용을 2~3번씩 들으면서 회의록을 정리하고 구글링도 하면서 빅데이터 플랫폼의 주요 요소 기술에 대한 기본 지식을 익히려고 애를 썼다.

2017년에 국내 최대 규모 빅데이터 플랫폼 구축 사업인 '한전 빅데이터 통합플랫폼 구축' 사업의 PMO(프로젝트 관리 전문가)로 투입되어 6개월 구축, 6개월 시범운영을 통해 방대한 전력 빅데이터를 통합 · 저장 · 관리하고 정형&비정형 데이터 활용 체계를 구축해 빅데이터 기반 분석 모델을 개발하는 대형 프로젝트를 경험했다. 인프라, 데이터 수집과 구축, 포털시스템 등에 대한 요소 기술은 이미 익숙해서 전혀 어려움이 없었으나, 분석 과제 분야 즉 데이터를 분석해 분석 모델을 구축하는 분야는 전혀 배경지식이나 경험도 없었기 때문에 너무나 생소했다. 분석가들이 작성한 산출물, 예를 들면 분석 모델 결과서 등에 대한 산출물 검토 작업을 수행하면서, 이해할 수 없는 외계어처럼 느껴지는 각종 통계 전문용어들을 읽으면서, 답답함이 너무 커서 반드시 이 분야를 공부해야겠다는 불타는 의지가 샘솟았다.

통계와 데이터 분석 분야를 어떻게 공부해야 할지 막막하기도 해서 혼자 고민하던 중, 우연히 프로젝트 자문 교수님과의 식사 자리에서 "통계와 데이터 분석 분야를 공부해야 할 것 같아요"라고 말씀드렸더니 어시스트 빅데이터MBA학과를 추천해주셨다. 직장인들을 위한 주말 수업과 더불어 철저하게 현장에서 인정받고 있는 교수님들에게서 실무 위주의 교육을 진행한다는 설명을 들었다. 인터넷에서 검색을 하고 커리큘럼도 따져 보았더니, 빅데이터 분야에서 근무하면서 '수학, 통계, 데이터 분석을 위한 프로그래밍, 분석 기법, 다양한 도메인별 실습' 등을 제대로 배울 수 있는 최적의 과정이었다.

빅데이터 과정을 통해서 데이터 사이언티스트가 되어 원하는 '업'으로 이직을 하려고 입학하는 학생도 많다. 나는 이직을 이미 한 상태에서 그 직책에 맞는 역량을 제대로 갖추기 위해 입학을 한 셈이다. 앞뒤 순서가 바뀐 것 같지만 길게 보면 앞뒤는 의미가 없다. 여기에서 더 역량을 넓힌다면 언제나 그렇듯이 또 다른 도전이 기다리고 있을 것이다.

이제 겨우 한 학기를 마쳤지만, 벌써 나는 회사에서 데이터 사이언티스트들의 분석 산출물도 편안한 마음으로 품질 검토를 할 수 있을 정도로 수업은 정말 만족스럽다. 이제 나에게 '빅데이터 분야의 수학, 통계, 데이터 분석 기법과 프로그래밍' 등은 낯설거나 어렵지도 외계어처럼 느껴지지 않고, 심지어는 익숙하고 친근하고 사랑스럽기까지 하다.

수업에서 배운 내용을 회사 실무에서 각종 빅데이터 플랫폼 구축, 분석 모델 구축 등의 프로젝트에 적용하면서 끊임없이 나는 성장하고 있고, 빅데이터 분야의 전문가로 새롭게 태어나고 있다. 몸은 고되고 피곤하지만, 수업이 기다려지고, 팀 과제와 발표를 통해 더욱더 발전되어가는 모습을 느낀다. 어시스트 빅데이터MBA학과는 길고 긴 100세 인생에서 IT 전문가로 더 큰 성장을 하기 위한 최고의 선택임을 확신한다.

In My Personal Note

2018년 봄, 서울 강남에서 분석회사의 지인들과 술자리를 갖고 있었는데, 잘 아는 교수 한 분이 전화를 하더니 대뜸 어디냐고 물었다. 위치를 말씀드리니까 30분 후에 온다고 기다리라고 한다. 무슨 일인가 했더니, 이번에 어시스트 빅데이터MBA학과에 지원할 훌륭한 인재라고 하면서 한 사람을 소개하셨다. 이렇게 만난 학생이 김미현 부장이다. 술자리에서 입학 전형을 위한 면접을 한 셈이다. 이 글에서 알 수 있듯이 김미현 부장은 이미 IT 분야의 경험 많은 데이터 사이언티스트였다. 앞으로 김미현 부장이 데이터 분석까지 섭렵한다면 빅데이터 분야 전체를 문자 그대로 사랑스럽게까지 느끼게 될 것이다.

"행운은 우연히 오는 게 아니라 노력이다."

• 에밀리 디킨슨Emily Dickinson(시인)

제3장

회사 내 빅데이터팀으로 옮긴 데이터 사이언티스트

은행 영업점 직원에서 데이터 사이언티스트로

이영란(KEB하나은행 미래금융전략부)

수년 전 어느 날, 우연히 TV에서 빅데이터 사례 특강을 보게 되었다. 심야 통화기록 분석을 통해 서울시 심야버스 노선을 확정했는데, 그 결과가 아주 정확했다는 내용이다. 또 사람들이 트위터에서 어떤 키워드가 많이 들어간 대화를 하고 있는지 워드 클라우드word cloud로 보여주기도 했다. 데이터 분석을 통해 이런 인사이트를 얻을 수 있다는 사실이 놀랍기도 하고 신기하기도 해서 나도 언젠가는 빅데이터 공부를 해보고 싶다는 생각을 그때부터 키워왔다. 하지만, 당시에 나는 3세와 6세 아이를 키우며 회사를 다니고 있던 워킹맘이었다. 회사와 집 이외에는 그 어느 것도 생각할 여유가 없었기에 내 공부를 시작한다는 것은 꿈도 못 꿀 일이었다.

그렇게 시간이 흐르고 아이들도 조금씩 성장해서 나에게도 조금씩 시간의 여유가 생길 무렵, 공부를 더 늦출 수 없다는 생각에 무작정 빅데이터 공부를 시작해보자고 결심했다. 은행 영업점에서 경력만 13년차에 접어들면서 영업점 업무에 대한 피로감이 쌓였고, 핀테크 등의 발달로 인해 은행 업무에도 많은 변화가 있을 거라는 생각이 내 결심을 재촉했다. 주말에도 학교에 나와 공부하는 것은 아이를 키우는 엄마로서는 큰 부담이었지만, 남편과 아이들이 적극적으로 응원을 해줘서 용기를 갖고 시작하게 되었다.

커리큘럼을 보고 다양한 과목을 실무 중심으로 배울 수 있다고 생각해 어시스트 빅데이터MBA학과를 선택했다. 대학원에 입학해 공부를 시작하면서 '내가 그동안 은행 영업점 업무만 하면서 우물 안 개구리처럼 살았구나!'라는 생각을 참 많이 했다. 다양한 분야에 있는 사람들을 만나 같이 공부하면서 견문을 크게 넓히는 소중한 시간을 가질 수 있었다.

경영학을 전공했기 때문에 경영 과목은 그다지 부담되지 않았지만, 코딩을 하고 데이터를 다루는 부분에서는 사실 백그라운드가 전혀 없었기 때문에 걱정을 많이 했다. 본격적으로 빅데이터 전공 과목이 시작되면서부터는 우려한 대로 애를 많이 먹었다. 컴퓨터라는 건 윈도시스템만 있는 줄 알았던 내가 R이나 파이선과 같은 코딩을 공부할 때는 너무 막막하기도 하고, 과연 이것을 배운다 한들 내가 써먹기나 할 수 있을까 하는 두려움까지 들기도 했다. 하지만 서당 개 3년이면 풍월을 읊는다고 이제는 코딩에 대해서 어느 정도 이해도 높아졌고, 공부를 하면 할수록 내가 하고 있는 일에 어떻게 적용시킬 수 있을까 하는 고민을 한다.

은행 영업점 업무를 하면서 빅데이터를 어떻게 접목시킬까? 사실, 빅데이터 공부를 하는 동안 내 커리어에 큰 변화가 생겼다. 바로 13년간 했던 영업점 업무에서 벗어나 KEB하나은행 미래금융전략부로 옮긴 것이다. 미래금융전략부는 신기술을 활용해 다양한 서비스를 만드는 부서다. 영업점에서 근무하던 어느 날, 사내에서 '미래형 인재'를 공모한다는 공문을 보고, 빅데이터MBA학과 공부를 실무에서 적용해볼 수 있는 좋은 기회라고 생각해 과감히 지원서를 냈다. 현재 어시스트 빅데이터MBA학과에 재학 중이라는 사실을 강조했다. 그렇게 해서 미래형 인재에 최종 선발이 되었고, 그로부터 1개월 후에 인사 발령이 났다.

현재는 인공지능 뱅킹 시스템인 하이HAI뱅킹을 개발 · 운영 하고 있다. 하이뱅킹은 챗봇 인공지능과의 대화를 통해 각종 은행 거래를 할 수 있는 최첨단 금융 서비스다. 향후에는 빅데이터를 분석해 개인 맞춤형 서비스도 제공할 계획이다. 그동안 학교에서 배웠던 내용을 실무에서 활용할 수 있다는 기대가 아주 크고 그만큼 자신도 있다. 내가 빅데이터 공부를 시작하면서도 이렇게 빨리 커리어 전환이 이루어질 거라고는 사실 기대하지 않았다. 장기적인 관점으로 시작했던 것인데, 예상과는 달리 너무 빨리 기회가 찾아와서 놀랍기도 하다. 그리고 기업에서 빅데이터 전문가가 생각보다 그 역할이 크다는 사실을 몸소 깨닫게 되었다. 내 포부는 완전한 커리어 전환이다. 아직은 그 과정에 있지만, 그동안의 영업점 근무경험과 빅데이터 분석을 통해 새로운 인사이트를 찾아 고객들에게 새롭고 혁신적인 금융 거래 경험을 제공해보려고 한다.

한 단계 진화된 커머스를 만들며

→ 한근주(11번가, 커머스혁신팀)

대학 학부 때는 경영학을 전공했고, 직장 5년차에 고려대학교 경영대학원에서 MBA(마케팅)를 취득했다. 벌써 온라인 비즈니스 20년 차다. 그동안 IT(통신 · 이러닝 · 커머스) 업계에서 기획자 · 마케터 · 사업전략 · 사업개발자business developer로 다양한 분야의 업무를 해오면서 공통적으로 갈증이 있던 부분은 데이터 분석이었다. 가설을 세우고 검증을 하는 일의 반복 속에서 늘 데이터를 접하기는 하지만 머릿속이 명쾌하지 않았다.

고객의 행동에 대한 가설을 세우고 그 흐름에 고객과 시장이 따라가느냐 아니냐를 보고, 수정하고 반영하는 일은 꽤나 과학적인 듯 보인다. 하지만 가설이 틀렸을 경우에는 많은 시간을 허비하고 다시 설계하고 진행하다 보면 시장의 변화를 놓치는 경우도 많았다. 이럴 때마다 답답함을 느꼈고, 고객이 서비스에 들어와서 행동하는 모든 케이스를 그룹핑해 예측하는 것은 한계가 있다는 것을 깨달았다.

내가 몸담고 있는 e-커머스에서는 현재 큰 변화가 일어나고 있다. e-커머스의 초중반 시기에는 고객 행동 기반으로 CRM을 한다면서, 인구통계변수demographic 기준으로 이른바 맞춤 서비스를 제공하기 시작했고, 잠깐의 성공을 누렸다. 하지만 이내 식상해졌는데, 그 이유는 나이 · 성별 · 거주지에 따라 고객이 모두 같은 행동을 할 리는 없기 때문이다. 이제는 어떤 공간(오프라인 매장의 판매대 위치에 따라 상품을 진열하듯, 온라인에서도 특정 구좌에 대한 노출상품 설계를 함)에 어떤 상품을 놓고 팔 것인지에 대한 판매 계획도 점점 없어지고 있다.

그 대신에 e-커머스 서비스에 접속한 목적, 즉 사람이 아닌 바로 직전의 행동, 클릭, 뷰페이지에 따라 상품을 보여주는 방식으로 변해가고 있다. 기존에 무엇을 구매했는지도 참고 데이터가 될 수는 있지만 현재의 관심사라고 확언할 수 없다. 데이터의 즉시성이 중요해지고 있는 것이다. 바로 지금, 왜, 무엇을 보고 있는지에 따라 다음의 행동을 예측해야 한다. 기존의 데이터를 추출해 분석하고 예측하고 대응할 시간이 없다는 말이다.

그래서 빅데이터를 공부하기로 결심하고 여러 학교를 검색 · 평가한 뒤, 어시스트 빅데이터MBA학과를 선택했다. 하지만 시작은 막연했다. 문을 열면 어떤 길이 나타날지, 어떻게 헤쳐 나가야 될지 막막했다. 내가 과연 데이터 사이언티스트가 될 수 있을까? 데이터 기반의 비즈니스 설계자가 될 수 있을까? 또 특정한 길을 정해야 하는지를 무척 고민했다. 하지만 기회는 가까운 곳에서 왔다. 내가 어시스트 빅데이터MBA학과에서 공부하는 것을 알고 있는 회사 임원이 눈이 번쩍 뜨이는 제안을 한 것이었다. 바로 커머스 혁신담당 부서에서 같이 일을 하자는 제안이었다.

커머스 혁신담당 부서는 회사에서도, 업계에서도 초미의 관심사인 '콘텐츠 커머스', '커머스 포털'에 대한 서비스의 초석을 다지는 곳이다. 고객들이 상품을 검색하면, 질의어에 맞는 상품을 인기순, 판매순, 최신순, 혜택순 등으로 보여주는 것이 그동안의 검색 결과 로직이었다. 하지만 많은 고객의 구매 평균값에 대한 상품 추천이 아니라, 그 질의어를 기반으로 어떤 상품이 좋은지 상품 간 비교, 전문가 리뷰와 해당 상품군의 최신 트렌드 등 '정보'를 보여줌으로써 상품 탐색 경로를 줄여주는 것이다. 다시 말하면 세상의 모든 정보를 기반으로 질의어에 연관된 자료들을 수집 · 추출 · 선별해 질의어와 매칭하고, 해당 콘텐츠(정보) 유형별로 연관된 상품을 보여주는 한 단계 진화된 e-커머스를 만드는 일이다.

진화된 e-커머스를 만드는 일에 합류하게 된 것은 내게 큰 행운이다. 제안을 해준 임원은 수년 전에 영업부서에서 인연이 되어 한 달이라는 짧은 시간 동안 함께 일했고 간혹 안부를 묻는 정도였다. 그 임원은 평소 데이터의 중요성을 강조하고 외부 전문가를 초빙해 직원들을 교육시킬 정도였다. 빅데이터MBA학과 입학도 누구보다 관심을 가지고 응원을 해주셨고, 새로운 조직을 만들면서 이 업무에 적합한 팀장으로 나를 가장 먼저 추천해주셨다. 내가 미래를 개척한 것인지, 시대의 변화를 감지하고 미리 준비한 것인지, 이제야 제대로 된 길을 밟아간다는 확신이 든다. 이제 경력도 많고 업계 전문가가 되어 공부가 필요하지 않다고 생각할 수도 있는 20년 차에야 비로소 새롭고 특별한 나만의 빅데이터 분야를 공부하기 시작한 것이 너무 기쁘다.

솔직히 일과 학업을 병행하는 것이 쉽지는 않지만, 어시스트 빅데이터MBA학과는 데이터 관련 비전공자인 나에게 꼭 필요한 커리큘럼들로 구성되어 있어 단 한 번의 수업도 빠지지 않고 참여하고 있다. 통계학, 빅데이터 분석 방법론, R과 파이선 프로그래밍, 빅데이터 플랫폼 설계 · 구축 · 운용 등 기초 지식부터 심화 과정까지 순차적으로 배울 수 있어 비전공자에게는 최고의 과정이다.

공부를 할수록 모르는 것이 무엇인지를 더 잘 알게 된다고 했던가? 빅데이터 분야 또한 그러하다. 뉴스나 책에서 보는 정보들도 모두 데이터로 검증해보고 싶고, 궁금한 것들이 늘어나고 있다. 졸업 후에 박사과정 진학도 계획하고 있으며 10년쯤 뒤에는 데이터 기반 비즈니스의 스타트업 대표를 하고 있지 않을까 하는 미래를 꿈꾸고 있다.

남성 육아휴직으로 원하던 목표를 이루다

우제성(현대제철 AI최적화팀)

'이 일은 나의 천직인가, 이곳은 내가 있어야 할 곳인가, 나는 누구인가?' 회사를 다니다 보면 한번쯤 이런 생각을 하기 마련이다. 특히, 팀장에게 아주 공들인 보고서를 들고 확신에 차서 이야기를 했는데 별다른 이유 없이 거절당할 때 이런 생각이 더 많이 든다. 입사한 지 6년이 지났고, 업무도 손에 익었지만, '글쎄 안 될 거 같은데?, 그냥 이렇게 해'라며 아주 직관적이고 단순한 이유로 며칠 고생한 나의 일들이 어그러질 때면, 그날 저녁 팀장의 술 먹자는 제안을 공손히 거절하기도 했다.

서울대학교 산업인력개발학과를 졸업한 뒤에 나는 주로 HR에서 교육 · 인사 업무를 담당했다. 사람에 관련된 일이다 보니, 의사결정에 특별한 이유가 없는 경우도 많았다. 특히, 좋은 사람에 대한 높은 평가는 어려웠지만, 좋지 않다고 생각되는 사람을 배제시키는 것은 어렵지 않았다. 근거와 논리는 존재하되, 정확한 팩트가 없는 경우도 많았다. 이 일이 과연 나에게 맞는 건지에 대해 끊임없이 고민했다. 나에겐 변화가 필요해 보였다.

그렇다고 회사를 막연히 그만두는 건 가족이 있는 나에게는 쉽게 결정할 일이 아니었다. 주택 대출금도 밀려 있었고, 아기도 2명이나 있었다. '퇴사학교'에 대한 이야기가 인터넷에 많이 나왔고, 한쪽에서는 취업이 어렵다고, 또 한쪽에서는 많은 사람이 회사가 맞지 않아 퇴사한다는 이야기가 들렸다. 당시 채용을 담당했는데, 쟁쟁한 스펙의 대학생들이 100대 1의 경쟁률을 뚫고 입사하고 있었다. 그냥 집어 던져버리고 새롭게 준비하기에는 사실 매우 두려웠다.

그래도 새로운 변화가 필요했다. 나를 더 갈고 닦아야 한다는 생각이 들었고, 새로운 일을 해봐야겠다는 생각이 들었다. 일단은 답답했던 부분부터 하나씩 해결해보자는 생각을 했고, 업무에서 의사결정을 하기 위한 근거와 데이터를 찾는 데 주력했다. 여러 가지 데이터를 기반으로 논리를 갖추어야겠다는 생각을 하기 시작했고, 그러던 와중에 빅데이터라는 분야도 알게 되었다. 이 공부는 HR 업무를 하면서 답답했던 부분을 풀어줄 수 있을 동아줄이라는 느낌이 들었다.

빅데이터 공부를 할 수 있는 학교 중에서 고민 끝에 어시스트 빅데이터MBA학과를 지원했고 다행히 합격했다. 그러나 공부는 생각보다 쉽지는 않았다. 빅데이터MBA라고는 하지만, 완전히 새로운 분야에 대한 공부뿐만 아니라 프로그래밍도 해야 했다. 인문학에 대한 공부만 주로 했던 나는 수학, 통계, 프로그래밍은 거의 처음부터 다시 공부해야 했다. 쉽지 않았지만, 현실에 실제로 활용될 수 있고, 데이터 속에 감춰진 수수께끼를 풀고 있다는 것이 엄청난 매력으로 다가왔다. 어떻게든 끝까지 해야겠다는 생각을 했다.

주말 공부에 학비까지 감당해야 했기에, 6개월이 지나자 몸도 마음도 가족 생활도 무너져가는 것을 느꼈다. 아내가 이해해줘서 고마웠지만, 힘들어하는 것이 보였다. 특히 야근을 너무 자주 하는 데다가 공부까지 하다 보니 가족과 소원해지고 있었다. 첫째가 초등학교를 갈 나이였는데, 나의 이런 상황에 맞벌이 부부이다 보니 보살핌을 잘 받지 못하는 것이 느껴졌다. 이렇게 시간이 지속되니 아이가 약간의 문제행동을 하기 시작했다. 공부에 위기가 찾아온 것이었다.

둘 중에 하나를 선택해야 했다. 학교를 잠시 휴학해야 하는지 심각하게 고민했다. 하지만 어떻게 시작한 공부인데 이렇게 끝나서는 안 된다고 마음먹었다. 그렇다고 가정을 포기할 수도 없었다. 오랜 고민 끝에 육아휴직을 선택했다. 내가 다니는 회사는 보수적인 회사라 남성 육아휴직을 인정하는 분위기가 아니었다. 육아휴직을 쓴다고 하니, 다들 회사를 그만 다닌다고 생각하는 눈치였다. 그뿐만 아니라 팀장은 엄청나게 반대를 했고, 몇 개월간 설득 끝에 HR에서는 거의 처음으로 남성 육아휴직을 썼다. 사실 대기업을 다니는 나에게는 엄청난 도전이었고 나중에 인사상 불이익을 받을 수 있다는 생각도 했다. 하지만, 이 분야에 대한 열정과 신념이 있었기에 일단 끝까지 해보자는 생각을 했다.

약 10개월간의 육아휴직 동안 비록 경제적인 부분은 더 어려워졌지만, 가족들과 많은 시간을 보낼 수 있었고 학교 공부에도 매진할 수 있었다. 그 시간은 정말 인생에서 가장 소중한 시간이었다. 가족과 함께하는 시간이 길어지다 보니 아이들의 정서도 아주 많이 좋아졌고 부부 사이도 좋아졌다.

복직을 위한 임원 면담 자리에서 분석 팀으로 가기를 원한다고 당당하게 요구했다. 갖은 비난을 받아가면서 육아휴직을 했던 것도 빅데이터 공부를 제대로 하기 위한 것이었고, 그동안 내가 공부하며 쌓은 역량과 앞으로 데이터 분석으로 어떤 변화를 가져올 것인지에 대해 임원을 설득했다. 이런 호소(?)가 통한 탓인지 아니면 나의 당당함이 통한 탓인지 운 좋게도 내가 원하던 데이터 분석 관련 팀으로 인사 발령을 받을 수 있었다.

이 분야의 매력은 기존 분야와 물과 기름처럼 완전히 떨어져 있는 것이 아니라 상호 보완적인 시너지를 낼 수 있다는 점이다. HR 분야를 전공하고 경력을 쌓았지만, 내가 처음에 생각했던 대로 이 공부는 HR 분야의 가치를 더욱 크게 해주었다. 제4차 산업혁명이 도래하고 있는 지금, 여러 분야에 빅데이터 · 인공지능 기술들이 접목되고 있고, HR 분야도 예외가 아니다. 지금 이 팀에 와서도 HR 관련 데이터를 받아서 분석 업무를 진행하고 있다. 데이터로 이야기를 하다 보니 확실한 팩트 중심으로 설득하게 되었고, 이 점이 이전보다 직무에 대한 만족도를 높게 했다. 그리고 직무에 대한 자신감도 생긴 것 같다. 왜냐하면 한 가지만 잘 아는 사람은 많지만, 2~3가지를 융합하는 접점에서 일하는 사람은 많지 않기 때문이다.

이런 융합의 측면에서 빅데이터만큼 괜찮은 학문도 없다고 생각하고 이것을 할 줄 아는 인재들의 가치는 더욱 커질 것이라고 생각한다. 지금까지 학교 교육은 하나의 전문성을 가지라고 가르쳤지만, 역설적이게도 하나의 전문가들은 그 수가 많고 여러 가지를 융합하는 인재는 많지 않다. 따라서 성과에 협업이 필수적인 지금의 일에서는 매개자의 역할이 부각될 것이라 생각한다. 또한 관리자나 경영자처럼 넓은 시야를 가져야 하는 사람들에게는 융합적 역량이 더욱 필수적인 자신이 될 것이다. 앞으로 HR 데이터 사이언티스트로 활동할 나의 미래를 기대해본다.

법돌이에서 데이터 사이언티스트로

정재철(LGU+빅데이터전략팀)

나는 막연히 과학자가 될 거라고 생각해 고등학교 2학년 때 아무 생각 없이 이과를 선택했다. 하지만 신문기자이셨던 아버지의 밥상머리 평론을 들으면서 자연스럽게 사회현상에 관심을 갖게 되었고 세상을 바로잡겠다는 정의감도 조금씩 갖게 되었다. 자연스럽게 법률가라는 직업을 알게 되었고 법학을 공부하고자 성균관대학교 법대에 입학했다. 그 후로 군대 2년 6개월을 제외하고 20대 전부와 30대 초반을 법과 함께했다.

32세에 LG데이콤 법무팀에 입사하기 전까지 학교와 신림동 등에서 사법시험을 준비했고, 입사 후에는 계약서 검토와 법률 이슈 해결 등의 업무를 담당했다. IT기업 현장에서 법을 적용해보는 것이 흥미롭고 보람도 느꼈지만 2년이 지나니 곧 지루해졌다. 마침 전략조정실 경영혁신팀으로 이동하게 되어 길었던 법돌이의 삶과 이별을 하게 되었다.

경영혁신팀에서 조직문화 혁신과 신사업 아이데이션ideation 등의 업무를 하면서 경영전략과 사업화에 대한 경험을 쌓을 수 있었다. 2014년부터 전 직원을 대상으로 다양한 분야의 저명인사나 전문가를 초청해 세미나를 진행했다. 2015년 3월에는 빅데이터 전문가로 김진호 교수를 모시게 되었는데, 강연을 들으면서 세상은 데이터를 다루는 자가 지배할 것이라는 확신이 들었다. 빅데이터를 제대로 한번 공부해보자는 내 열정에 불이 붙었다. 그리고 2016년 3월 어시스트 빅데이터MBA학과 2기로 입학했다.

전공과목이 시작되면서부터는 좌절과 감격의 반복이었다. 예를 들면 통계학 강의에서 1종 오류나 2종 오류를 들으면서 당황했던 기억, R을 통해 처음으로 워드 클라우드를 뿌리며 감격했던 기억 등이다. 사회를 구석구석 규율하고 있는 법이라는 무기를 갖고 있었기 때문에 학습과 이해에는 자신감이 있었다. 그러나 대학원 2학기에 들어가면서 그 자신감이 근거 없음이 적나라하게 드러났다.

그래도 회사 생활을 하면서도 1년 6개월 동안 딱 하루만 결석했을 정도로 열심히 수업을 들었다. 각계각층에 있는 여러 뛰어난 원우와 공부도 열심히 하고 술도 마시고 교류하면서 조금씩 빅데이터에 대한 생각을 정립하기 시작했다. 특히 마지막 학기 논문을 쓰면서 자연어 처리 기술인 워드투벡터word2vec, 역문서빈도TF-IDF 등의 텍스트 마이닝 기법을 공부하고 또 실제로 코딩해 프로그램을 돌려본 경험은 그동안의 위축감을 떨칠 수 있게 된 계기가 되었다.

2학기가 거의 마무리되던 2016년 12월, 마침 회사에서 기존 팀 단위의 빅데이터 조직을 센터 단위로 확장하는 조직 개편이 있었다. 내가 빅데이터 조직으로 이동할 수 있는 좋은 기회라고 생각해 당시 빅데이터 팀장을 찾아갔다. 면접을 위해 함께 카페로 가는 엘리베이터 안에서 내 법무 이력과 함께 빅데이터MBA학과에 재학 중이라고 이야기하자, 카페 도착 전에 이미 합격을 통보해주었다.

분석가나 기획자 등은 충원이 가능한데 데이터 거버넌스 · 컴플라이언스 전문가를 찾을 수 없어 무척 반가웠다고 했다. 일단 해당 분야 일을 하면서 빅데이터센터에 차근차근 적응하고 분석 업무를 병행하라는 미션을 받고, 2017년 1월 LGU+ 빅데이터센터 창립 멤버로 입성하게 되었다. 빅데이터센터로 들어와 컴플라이언스 업무, 전사 빅데이터 교육과 세미나 진행, 대외 협력 등의 업무를 하다 보니 프로젝트에 투입될 기회가 없었다. 그 대신에 개인정보보호와 관련된 컴플라이언스 이슈가 꾸준히 제기되고 있었다.

그런데 법무팀과 센터의 가교 역할을 하면서 이 분야는 우리 회사에서 나만이 할 수 있는 일이었다. 나아가 산업계와 학계를 보더라도 빅데이터, 빅데이터와 관련 있는 인공지능이나 클라우드, 사물인터넷, 블록체인 등의 신기술을 규범화 · 정책화할 수 있는 사람이 극소수임을 알게 되었다. 이는 단지 기술을 이해하지 못해서라기보다 디지털 전환이 가져올 사회 변화가 기존의 규범을 송두리째 바꿀 만큼 거대하기 때문에 기존 전문가들의 지식만으로는 부족하다는 것을 알게 되었다. 그러면서 컴플라이언스 전문가로서 비전을 갖게 되었고, 장래에는 법학 박사과정 진학을 생각하게 되었다.

현재 빅데이터 전략팀에서 데이터를 어떻게 비즈니스로 연결시킬지를 고민 중이다. 이러한 데이터 모네타이제이션data monetization 분야는 데이터 분석 기술보다는 데이터 탐색 기술과 도메인 지식이 더욱 중요하다. 빅데이터MBA학과에 입학했을 때는 분석만이 빅데이터의 전부인 줄 알았지만, 이 분야는 팀플레이가 중요하다. 자신이 통계학이나 컴퓨터공학, 산업공학 전공자가 아니더라도 머신러닝 기법과 R, SQL에 대한 기초적인 지식과 스킬을 갖고 자신의 백그라운드를 잘 활용하면 의외로 빅데이터 분야에서 자신만의 차별화된 경쟁력을 갖출 수 있다. 왜냐하면 문제를 정의하고 해결 방법을 기획하는 것은 비즈니스에서 변할 수 없는 본질인데, 빅데이터 비즈니스도 마찬가지처럼 보이기 때문이다. 이제는 문제와 해결책에 대한 천편일률적인 예측 · 추천 모델에서 벗어나 다양한 관점에서 접근을 위한 상상력이 요구될 것이기 때문이다.

어시스트 빅데이터MBA학과에서 가슴 뛰는 비전을 갖게 되었다. 나는 나비효과 신봉자다. 모든 경험은 미래에 반드시 영향을 미친다고 굳게 믿고 있다. 이 경험은 내 인생의 방향을 급격하게 바꾸었고, 현재나 미래에도 계속해서 또 다른 엄청난 영향을 미칠 것이다.

준비되었을 때 다가온 기회

조영찬(LG 인화원)

중학교 시절 처음으로 386데스크톱을 갖게 되었고 컴퓨터 학원을 다니며 프로그래밍 기초도 배웠다. 내가 무엇인가 설계하고 그것이 작동한다는 사실이 놀라워 PC의 세계에 빠져들었고 막연하게 프로그래머가 되고 싶다고 생각했다. 대학도 컴퓨터공학과를 가고 싶었으나 사업을 하는 아버지가 자신의 뒤를 이어주길 바라셨기에 국제경영을 전공했다. 그러나 대학에서는 정작 경영학 과목보다는 문학, 철학, 역사, 심리학 등 타과의 전공과목을 통해 다양한 분야의 지식을 쌓았다.

군 제대 이후 4학년 때, 인사조직관리 수업을 들으며 HR 분야에 대해 관심을 갖게 되었고, 마침 추천 채용 중이던 LG화학의 HR 부서에 입사하게 되었다. 여기에서는 이른바 '노경勞經(근로자와 경영자)'이라고 하는 노무 관리를 맡게 되었다. 노경 업무를 2년 정도 했을 때, HR 분야에서도 가장 담당하고 싶던 HRD(인적자원개발) 부서로 가기 위해서는 공부가 필요하다고 생각해 중앙대학교 글로벌 인적자원개발 대학원에 입학했다.

그리고 HRD 담당자라면 누구나 가고 싶은, 그룹 교육을 담당하는 LG인화원에 운 좋게 합격해 새로운 커리어를 시작하게 되었다. 임원 교육을 5년 동안 담당하며 핵심 인재와 임원 후보자 등의 교육 과정을 맡았다. 교육의 기획부터 운영, 평가까지 담당하며 얕은 수준에서 분석 업무도 수행했다. 대학원 논문을 쓰는 과정에서 통계 분석 프로그램인 SPSSStatistical Package for the Social Sciences(사회과학용 통계 패키지)를 처음 접했고 정량적 분석 기법을 활용하며 흥미를 갖게 되었다.

2017년 하반기, LG인화원으로 옮긴 것에 큰 힘이 되어주었던 임원이 이제 앞으로 엄청나게 중요해지게 될 빅데이터를 미리 공부해야 한다고 강조했다. LG인화원의 구성원들은 대부분 경영학 · 교육학 · 심리학 등을 전공했는데, 빅데이터 시대에 맞는 교육 프로그램을 기획할 사람을 미리 육성해야 한다고 생각한 것이다. 제대로 공부해봐야겠다는 다짐으로 국내외의 빅데이터 대학원 커리큘럼을 검색하고 분석했다. 수많은 대학원에서 관련 학과가 생겨나고 있었다. 그러나 직장인으로서 꾸준히 공부할 수 있는 환경을 제공하면서 철저하게 '역량 강화' 측면에 집중하고 있는 커리큘럼은 어시스트 빅데이터MBA학과가 최고라고 판단했다. 그렇게 2017년 하반기에 입학했고 커리어의 큰 전환기를 맞게 되었다.

어시스트 빅데이터MBA학과를 통해 단순히 통계나 프로그래밍이 빅데이터를 의미하는 것이 아님을 깨달았다. 이와 동시에, 비즈니스에 대한 이해와 도메인 지식이 탄탄하게 뒷받침되어야 빅데이터 프로젝트가 성과를 낼 수 있다는 것을 알게 되었다. 또한 빅데이터 분석을 실제로 적용하는 것이 얼마나 어려운지 알게 되었으며, 빅데이터 전공과목을 학습하고 난 뒤에는 앞으로 내가 어떤 분야를 더 깊이 있게 파고들지에 대해 알 수 있게 되었다.

운運은 기회가 왔을 때 준비된 것이라 했던가! 거짓말처럼 2018년부터 그룹 내에서 인공지능과 빅데이터에 대한 인재 육성의 중요성이 부각되기 시작했다. 그룹 차원의 인재 육성을 담당하는 LG인화원에서도 교육을 기획하게 되었고, 1년 전부터 공부를 하고 있던 이력으로 해당 업무를 할당받게 된다. 인공지능과 빅데이터 교육을 기획하는 과정에서 컴퓨터공학, 산업공학, 통계학 등을 전공한 전문가와 비슷한 눈높이에서 논의할 수 있었다. 빅데이터에 대한 지식과 경험이 큰 도움이 되었던 것이다. 향후에는 빅데이터 교육을 기획하고 운영하는 것뿐만 아니라, LG인화원의 빅데이터를 분석함으로써 의미 있는 시사점을 찾아내는 것이 연수원의 역할이라고 생각한다. 그리고 그 역할을 담당하며 그룹의 성과에 기여하는 것이 미래의 비전이자 목표다.

In My Personal Note

어느 날 경영자 특강을 마쳤을 때, 한 분이 찾아와 인사를 했다. 명함을 보니 LG인화원 상무였는데, "특별히 내 특강을 듣고 싶어서 일부러 찾아왔다" 고 말했다. 그런데 알고 보니 LG인화원의 교육 담당자 한 사람이 어시스트 빅데이터MBA학과에 입학한다고 해서, 주임교수의 특강을 들어보러 왔다는 것이다. LG인화원의 내공을 느낄 수 있었던 만남이다. 그런 관심 덕분에 조영찬은 힘든 과정을 마쳤고 지금은 그룹의 인공지능과 빅데이터 교육을 기획 · 운영하고 있다.

"좋은 친구는 별과 같다. 항상 보이지는 않더라도 늘 거기 있음을 안다."

• 크리스티 에번스Christy Evans(작가)

제4장

빅데이터로 따라와 줘서 고맙다, 친구야

새로운 도전을 친구들과 함께라면!

이주석(인텔코리아)

2018년은 어쩌면 세 번째로 내 인생의 흐름이 바뀔 한 해가 될 것이라 생각한다. 50세라는 나이가 무색할 정도로 열정적으로 살고 있다고 자부하고 있었지만, 데이터 사이언티스트가 되기 위한 도전은 차원이 다른 문제였다. 게다가 잘나가는 외국계 회사 전무가 '굳이 왜?'라는 질문을 받는다면 그 이유를 설명하는 데만도 한참을 걸려야 할 정도로 쉬운 결정은 아니었다. 과연 잘할 수 있을까 하는 의구심도 들었지만, 이런 불안감은 대학교 동기들과 회사 동료가 함께 주말의 사투를 즐기면서부터 사라지기 시작했다.

대학교와 공군 장교 생활을 마치고 시작된 외국계 회사에서의 직장 생활은 순조롭게 진행되었다. 세계 10위 안에 드는 외국계 회사를 7번이나 옮겨다니면서 배운 것은 실용적 전략 수행의 결과물로 얻어지는 비즈니스 통찰력과 시장을 리드하는 기술, 미래를 바라보는 시각이었다. 1998년부터 시작된 셀룰러 폰cellular phone 시장의 중심에서 10년 가까이 일을 했던 나는 새로운 기술이 어떻게 발전하고 쇠퇴해가는지를 직접 경험할 수 있었다.

2013년 엔비디아NVIDIA에서 GPUGraphic Processing Unit를 이용한 딥러닝 기술을 한국에 알리면서 빅데이터 분석 시장의 중요성과 미래의 가능성을 볼 수 있었던 것은 나에게 크나큰 행운이라고 생각한다. 그래서 나는 인생의 흐름을 바꿔준 두 번째의 사건을 외국계 회사에서 일을 하게 된 것이라고 이야기한다. 특히 엔비디아에서 일했던 10년은 나의 삶의 방식과 가치관을 크게 바꿔준 계기가 되었다.

2013년 미국 캘리포니아주의 한 도시인 산호세에 있는 올드타운 호프집에서 우리는 딥러닝 기술과 빅데이터 시장에 대해 열띤 토론을 벌였다. 당시 같은 팀에서 일하고 있던 연세대학교 수학과 유현곤 박사, 서울대학교 물리학과 김형진 박사, 나는 '왜 새삼스럽게 딥러닝'인지를 놓고 밤이 깊어가는 것도 모르고 토론했다. 그 당시 구체적인 결론을 내리지는 못했지만, 인터넷의 발전이 가져다준 데이터의 시대가 딥러닝 기술과 함께 앞으로 세상을 바꿔나갈 거라는 확신을 어렴풋이 갖게 되었다.

우리는 한국에 돌아오자마자 부랴부랴 워크숍을 열고 세미나를 개최하면서 인공지능을 연구하는 사람들과 만나기 시작했다. 그렇게 시작된 데이터 사이언티스트로서의 첫발은 남들보다 훨씬 앞서나가는 것처럼 보였다. 알파고가 세상을 바꿔놓기 전까지는 말이다. 알파고는 그야말로 선풍적이었고 세상의 모든 사람이 딥러닝에 관심을 갖도록 했다. 그로부터 1년이 지나자 서점가에서는 딥러닝 서적이 출간되고, 학원들과 소위 전문가들이 우후죽순처럼 생겨나기 시작했다. 엔비디아라는 후광과 함께 누려왔던, GPU를 이용하는 딥러닝 선구자로서 나의 명성은 서서히 줄어들고 있었다.

엔비디아를 나와서 스위스 센서 회사로 옮긴 나는 여전히 데이터 과학에 대한 미련을 버리지 못했다. 2020년이 되면 2,000억 개에 달하는 사물인터넷 센서들이 어마어마한 데이터를 만들어낼 것이라는 확신이 엔비디아를 그만두고 센서 회사로 옮기는 결정적인 계기가 되었다. 데이터 사이언티스트가 되기 위한 당연한 과정이었지만, 그 결과는 잔혹했다. 회사를 그만두고 나서 엔비디아 주식은 10배나 올랐고, 센서 시장은 생각보다 성장하지 않고 있었다. 게다가 딥러닝 기술과 데이터 분석에 대한 열정은 조금씩 식어가고 있었다.

그러던 중 인공지능 시장에서 경쟁사에 밀린 리더십을 찾아달라는 인텔의 오퍼를 받게 되었다. 인텔에서의 새로운 시작은 지난 많은 일을 돌아볼 수 있게 하고 데이터 과학에 대해 더 넓은 시야를 갖게 해주었다. 데이터 분석에 대한 접근을 데이터의 수집부터 전처리, 비즈니스 영역까지도 확대하면서 사업 방향을 생태계를 구성하는 전략으로 전면적인 수정을 하기 시작했다. 그러면서 나에게 부족한 많은 것을 실감하기 시작했고 한계에 부딪혔다.

어시스트 빅데이터MBA학과가 나에게 데이터 사이언티스트의 길을 걸어가는 데 반드시 필요한 과정이라고 생각하기 시작한 시점은 센서 회사에 다닐 때부터였다. 그 당시는 연세대학교 빅데이터 MBA 과정을 심각하게 고민하고 있었는데, 너무 경영 쪽에 치우쳐 있다는 생각에 선뜻 결정하기가 쉽지 않았다. 2013년부터 관련 기술을 리드하고 있으면서도 수박 겉핥기식으로 공부하다 보니 더는 전문가라고 내세우기도 창피했고, 그렇다고 아무 학원이나 다니기에는 비용과 시간이 너무 아깝다는 생각이 들었다.

그러던 중 어시스트 빅데이터MBA학과는 어둠 속 한 줄기 빛과도 같이 나에게 다가왔다. 단순히 네트워킹을 위한 장소가 아니라 실무 경험자 중심으로 교육이 진행된다는 기대에 나는 곧바로 입학 신청을 했다. 그리고 1학기 수업은 새로운 세계처럼 다가왔고 나의 선택은 또 한 번 탁월했다는 것을 증명해주고 있었다. 이 시점에서 나는 물리학과 동기 2명과 회사 동료 1명을 신념에 찬 목소리와 장밋빛 미래를 약속하며, 어시스트 빅데이터MBA학과 동기생으로 끌어들이는 데 성공했다.

1987년은 돌이켜보건데 내 인생의 흐름을 바꾼 첫 번째 해인 것 같다. 고등학교 시절 수학과 물리를 무지 좋아했던 나는 청운의 꿈을 안고 연세대학교 물리학과를 입학하게 된다. 노벨 물리학상을 받겠다는 목표와 의지가 꺾이는 데는 그리 긴 시간이 걸리지 않았지만, 분석적인 사고와 논리적 사고를 키워주는 데는 분명 큰 도움을 주었다. 대학 4년간의 학습이 가져다준 논리적인 사고의 체계는 이후 지금까지 나의 근간을 차지하고 있고, 그래서 빅데이터 분석은 그런 DNA와 잘 맞는 학문이라는 생각이 든다. 데이터 사이언티스트에 대한 그간의 경험과 가능성에 대한 약간의 설명으로 꼬임에 넘어온 동기들과 공대생 시절 프로그래머로 활동했던 회사 동료는 아마도 나와 비슷한 DNA를 가진 것 같고 그래서 이 과정을 선택했을 것이라 확신한다.

인생의 흐름을 바꿔줄 어시스트 빅데이터MBA학과는 그렇게 동기들과 동료들과 만들어나가고 있다. 데이터 사이언티스트로서의 삶은 오랜 기간 IT 시대에서 활동해온 나에게 무엇보다도 그 가능성이 무한해 보이고 오랜 경험이 핵심적인 요소로 작용할 것으로 확신한다. 물리학과 동기들과 동료들과 함께여서 지금 힘든 수업들이 견딜 만하고 더욱 재미가 있다. 물리학과 동기들에게 R, 파이선, 데이터 분석, 음성인식 전문가들에게 우리가 만든 코드와 데이터 분석 기법을 자랑할 수 있는 날이 오기를 기대해본다.

기회는 자연스럽게 열릴 것이다

→ A(케이블 방송채널 대표)

방송, 음악 등 콘텐츠 산업이 빅데이터, 머신러닝, 딥러닝과 밀접한 관계가 있을까? 아직은 없다고 생각한다. 하지만 그동안 기술이 세상을 바꾼 여러 사례를 보면, 비즈니스 측면에서 이런 기술이 앞으로 어떤 영향을 미칠지에 대해서는 대비하고 있어야 한다. 그렇다면 콘텐츠 관련 경력 27년차인 내게 필요한 건 무엇일까?

나는 지금까지 콘텐츠 비즈니스의 큰 틀 안에서 일해왔다. 비록 전공은 물리학이었지만, 대학시절부터 음악 활동을 좋아했다. 나는 새로운 것을 받아들이고 일단 좋아하게 되면 매우 집중하는 성향이 있다. 지금 내가 몸담은 회사는 콘텐츠 제작 관련 일을 해오며 세부적인 아이템은 계속 변신해왔는데, 2005년부터는 케이블 방송채널을 운영하고 있다. 회사 사업 아이템이 내 취향과 미래 관점에서 크게 어긋나지 않아 이직 없이 계속 근무를 하던 중 대표가 되어 지금도 자리를 유지하고 있다. 그리고 작은 회사의 특성상 일당백(?)의 정신과 현업 중심 구조로 운영되었기에 방송, IT, 음악 등에 관한 꽤 많은 전문지식과 인사이트를 가지게 되었다.

하지만 25년 넘는 경력에도 몇 년 전부터 선후배 등에게서 심심치 않게 '학위' 타이틀 이야기를 들었다. 학사 학력으로는 뭔가 부족해 보이니 대학원에 진학하라는 이야기였다. 실제로 방송계, 언론계, 음악계 등 대외 활동에서 상대를 평가하는 가장 기본적인 정보는 학력이고, 나도 슬슬 그 필요성을 인정하게 되었다. 그래서 그동안 쌓아온 내 이력을 보았을 때 대학원을 간다면 문화 쪽으로 갈지, 아니면 방송 · 언론 쪽으로 갈지를 고민하면서 2~3년을 훌쩍 보냈다.

그런데 문화나 방송 · 언론 쪽 대학원 진학은 사실 내겐 실질적 득이 될 게 없었다. 왜냐하면 그 분야의 대학원에서 2년 반이라는 시간과 비용을 들여 배울 내용은 이미 내가 다 알고 있거나, 오히려 어떤 면에서는 내가 교수진보다 많은 인사이트를 가졌기 때문이다. 학위 취득에만 의미를 둘 수도 있겠지만, 사실 그쪽 분야는 세간에 너무 흔하다는 것도 문제였다. 그래도 고민 끝에 언론대학원에 가기로 결정하고 막 등록을 하려던 차였다. 그때 대학 동기 모임에서 만난 친구에게서 우연히 어시스트 빅데이터MBA학과를 알게 되었다. 그 자리에서 많은 내용을 듣지는 않았지만, 이 과정이 내가 고민하던 것들에 대한 열쇠가 되리라는 걸 느꼈다.

무엇보다 어시스트의 브랜드 가치에 앞서 전 세계 기업들의 화두인 인공지능을 경영학적 시야로 접목한 대학원의 인사이트가 첫눈에 들어왔다. 경영자가 볼 때 구직자가 MBA 타이틀을 가지고 있다는 건 별로 중요하지 않다. 하지만 경영자 자신에게는 MBA라는 학위라도 없으면 왠지 허전한, 가끔은 아쉬운 타이틀이다. 게다가 거기에 최신 빅데이터 트렌드에 포커스를 맞춘 과정이라면! 내가 물리학과를 졸업해서인지는 몰라도 이런 영향력 있는 신기술은 당장 회사 이익과 직접 관련 없어도 긴 안목을 갖고 반드시 관심을 가져야 한다는 게 내 생각이다.

회사를 운영하고 유지하다 보면, 항상 도전해야 하고 생존을 위해 끊임없이 변화해야 한다. 나는 방송에서 더는 크게 배울 게 없는 경지(?)에 올랐고, 방송 그 자체로는 앞으로 큰 변혁이나 신사업의 여지가 많지 않다고 생각한다. 그리고 시장 지배적 사업자가 아닌 소규모 채널 사업자로서는 틈새 공략을 위한 발 빠른 정보와 이를 토대로 한 새로운 비즈니스 모델 개발과 도전이 곧 회사의 생존과 직결된다.

그래서 머신러닝, 딥러닝 등의 신기술이 앞으로 어떤 식으로 비즈니스에 접목되어 전개될 것인지 관심이 많다. 빅데이터와 인공지능이 아직은 생활 속 깊숙이 들어오지 않은 지금, 그것이 뭔지 제대로 알고 있는 것 자체로도 리더로서 자질 업그레이드라는 생각도 들었다. 그래서 어시스트 빅데이터MBA학과에 등록했다. 내게 이곳을 알려준 동기는 또 다른 과 동기(변리사)와 직장 후배에게도 입학을 권유했고, 지금은 그 3명이 같은 기수에서 공부하고 있다. 내게 이곳을 권유한 그 친구는 물리과 동기이지만 삼성전자나 반도체

업종에 취직하지 않고 도시바, 엔비디아, 인텔 등의 IT 기업에서 마케팅에 종사해왔다. 그 친구는 졸업 후에도 나와 계속 교류를 해왔고, 마케터의 '감'도 있었기에 내게 눈높이에 맞는 정보만 잘 추려서 전해준 것 같다.

인간의 감성과 내면에 호소하는 문화예술은 당장 빅데이터, 머신러닝, 딥러닝과는 큰 관련이 없다. 방송도 마찬가지다(그런데 방송에서는 사전적인 의미의 '빅데이터'-1개당 1TB가 넘는 UHD 영상-를 다루긴 한다). 어시스트 빅데이터MBA학과에 같이 입학한 동기들이 가끔 내게 묻는다. 빅데이터를 배워서 방송에 어떻게 사용할 거냐고. 아직 정해진 건 없다. 모든 사업이 그렇듯 사업 아이템이 실제로 성공하는 경우는 100개 중 1개가 될까 말까다. 아무리 아이디어가 좋아도 인력, 시간, 비용 자원을 일관성 있게 투입하는 것도 힘들고, 정부 정책 변화 등 대외 환경에 따라 실패하는 경우도 부지기수다.

인공지능을 내세워서 이쪽 분야 비즈니스 모델로 성공시키는 건 당장 2~3년 안에는 힘들 것이다. 하지만 앞으로 점차 많은 분야에서 인공지능을 접목한 기술과 비즈니스 모델이 나오기 시작하면 방송 · 음악 관련 여러 곳에서 관심을 가지게 될 것이고, 자연스럽게 이를 접목한 새로운 기회가 열리리라 생각한다.

얼마 전 우리 회사가 속한 그룹사의 계열사 대표가 내게 도움을 청해왔다. 타사가 장기적인 사업 파트너를 공모했는데 많은 업체 간에 경쟁이 예상되고, 제안서를 담백하게 5페이지 이내로 작성해서 제출하라고 했는데 어떻게 써야 할지 막막하다는 것이었다. 이런 경우 핵심만 추려서 임팩트 있게 주장을 전달해야 한다. 중구난

방으로 화려하게 데코레이션만 한 차별성 없는 제안서는 의미가 없다. 알아본 결과 제안을 공모한 회사의 주 관심사는 50~60대 남성을 대상으로 한 아이템이었다. 그래서 내가 지난 몇 달간 배운 내용 중 일부를 떠올려 계열사 대표에게 일러주었다.

"우리나라 50~60대 남성 관심사와 당신 회사 핵심 사업이 강력한 상관관계가 있다는 걸 어필해. 그 근거는 SNS와 포털사이트에서 50~60대 남성 검색어 순위다. 그걸 일목요연하게 시각화해."

대표는 고개를 끄덕였고, 바로 직원들을 동원해 실행했다. 제안의 결과가 어찌 될지는 모르겠지만, 어쨌든 수업을 들은 지 몇 달만에 빅데이터를 활용한 것이라 뿌듯했다.

내가 찾는 분야가 바로 이것이다

김미현(문&문 국제특허법률사무소)

2018년 여름, 미국에서 서울을 방문한 과 동기의 환영 모임에 참석했다. 물리학과 졸업과 동시에 가족과 함께 미국으로 가게 된 나에게는 거의 25년 만의 만남이었다. 평소의 나라면 익숙하지 않는 모임에 참석하지 않았을 텐데 오랜만에 서울에 온 친구는 하버드 스미소니언 천체물리학센터에서 연구교수로 재직 중인 과 동기였다. 나와는 유일하게 연락하며 지낸 친구였고, 2017년 보스턴 방문 중, 그 친구의 연구실에서 천체물리학의 이야기를 흥미롭게 들었던 터라 모임에 참석했다.

오랜만이라는 우려와는 달리 물리학이라는 기초학문의 특성상 여러 분야에서 각자가 하는 일들과 근황을 나누는 자리였다. 천체물리학을 하는 그 친구는 막연히 내가 생각했던 수학적인 천체물리학이 아닌, R과 파이선을 기본으로 머신러닝을 이용한 천문학을 소개했고, 옆에 있던 인텔의 이주석 전무는 어시스트 빅데이터MBA 학과에 다니고 있다고 했다.

그때 나는 여러 이유로 공백이 있었던 내 직업에 다시 집중하기 위한 분야를 찾던 중이었는데, '내가 찾는 분야가 바로 이것이다'는 생각이 들었다. 신규 발명과 등록상표와 디자인 등의 데이터가 시간이 지날수록 엄청나게 쌓여가는 특허 분야에서, 데이터 마이닝을 이용해 특허와 상표의 빅데이터를 효율적으로 활용하는 게 앞으로 나아갈 길이라는 판단으로 입학하게 되었다.

인류 역사가 시작된 이래로 수많은 판례와 데이터가 쌓여 있지만, 역설적으로 법조계는 디지털 문명과는 먼 분야로 간주되어 데이터 활용도가 상대적으로 떨어지는 분야다. 이제 빅데이터 전공 기초과목들을 한 학기 수강한 정도지만 등록된 특허, 디자인, 상표야말로 가장 잘 정리된 빅데이터이므로 이를 분석하면 많은 활용 분야가 있을 것으로 생각한다. 신규 특허 여부를 조언해 특허를 받게 하는 것에 그치지 않고, 권리의 유지 비용이 많은 특허 제도의 특성상 등록된 특허의 유지 여부를 조언해주는 것도 필요하다. 따라서 국가별 특허 데이터를 분석해 머신러닝을 이용한 유지 여부 예측 시스템을 개발하는 것도 중요하다.

기업 R&D 비용의 효율적 투자를 위해 등록된 특허 데이터를 분석해 특정 기술 분야의 미래 예측 시스템을 개발하는 것도 필요하다. 나아가 이를 국제화해 국제 특허시장에서 활용될 수 있도록 하는 목표를 향해 나는 계속 공부해볼 생각이다. 돌이켜 생각하면 어시스트 빅데이터MBA학과를 소개해주고 같이 공부하고 있는 이주석 전무와 머신러닝과 데이터 마이닝의 세계에 관심을 갖게 해준 이재현 교수가 매우 고맙기만 하다.

나보다 몇 살이라도 어리잖아

김정욱(인텔코리아 헬스케어 사업개발부)

연세대학교 전기공학과 학부와 동대학원 석사 졸업 후, 석사전문연구요원으로 삼성전자 PC 사업부에서 개발자로 사회 생활을 처음 시작했다. 1990년대 말 무선통신의 시대가 도래하자, 이 기술에 관심을 가지게 되었고 삼성전기 중앙연구소로 자리를 옮겨, 세계 최초의 무선랜 시스템과 제품을 개발했다. 또한 지금은 흔하게 사용되는 용어인 와이파이WiFi라는 무선통신 분야의 협회 창립 과정에 참여해 협회의 설립과 성장 과정을 지켜보았다. 기술의 진화에 따라 시장이 어떻게 확대되어가고, 사회 공동체 안에서 어떤 새로운 가치를 만들어낼 수 있는지 체득할 수 있었던 소중한 경험이었다.

2005년에 열린 세계적인 통신회의 및 전시회인 모바일월드콩그레스MWC 회의에서 당시 주류를 이루고 있던 피처폰에 대해 선전

포고를 한 업체가 있었는데, 바로 마이크로소프트였다. 당시 CEO였던 스티브 발머Steve Balmer가 행한 키노트keynote 연설에서 마이크로소프트가 추진하려는 스마트폰 전략 내용을 듣게 되었다. 스마트폰 시장이 드디어 대규모로 열릴 준비가 되었다고 판단하고, 고민 끝에 새로운 커리어에 도전하기로 결정하고 삼성을 떠나 마이크로소프트로 자리를 옮겼다.

마이크로소프트에서 임베디드 운영체제 및 스마트폰 플랫폼 기술 영업으로 한국의 주요 제조사와 긴밀한 협력을 통해 스마트폰 신제품 개발과 생태계 조성 과정에 참여하게 되었고, 스마트폰 시장의 성장과 다양한 플랫폼 간의 맹렬한 경쟁을 온몸으로 겪어내며 치열한 6년의 시간을 보냈다.

2013년 인텔로 이동해 무선 제품 마케팅 담당 업무를 하면서 한국의 PC 제조사 · 글로벌 PC 제조사와 긴밀히 협력해 인텔 제품의 시장 점유율을 올리고 글로벌 매출이 증가될 수 있도록 하는 데 기여했다. 하지만 성장이 정체되어 있는 스마트폰과 PC 시장의 전반적인 상황과 비교해볼 때 데이터, 클라우드, 서버와 관련된 사업 기회는 해가 갈수록 증가되고 있음을 느꼈다. 이러한 변화에 맞게 내 커리어도 변화해나가야 하는데 어떤 방법이 가장 효과적인지에 대해 고민을 하게 되었다.

이러한 고민이 깊어지고 있을 때, 인텔에서 함께 근무하는 이주석 전무에게 조언을 구했다. 이주석 전무는 어시스트 빅데이터 MBA학과를 다니고 있었는데, 빅데이터 시대에 우리가 전문가로 포지션할 수 있는 방법 중 하나로 이 과정을 소개해주었다. 커리큘럼이 알차고 구성원들이 산업의 각 분야 전문가들로 되어 있어 이종異種 산업체 간 다양한 식견을 함께 배우고 고민할 수 있는 자리가 될 수 있다는 점, 바쁜 직장인들이 집중해서 과정을 끝낼 수 있도록 3학기제로 운영된다는 점, 스위스에 소재한 로잔경영대학의 학위도 함께 받을 수 있다는 점은 외국계 회사에 다니는 직장인으로서 매우 큰 장점으로 보였다.

아카데믹한 공부를 하지 않은 지 20년이 되어가고 이 나이에 새로운 도전을 해도 되는지 고민하고 있을 때, 이주석 전무는 이렇게 말했다. "나도 공부하고 있는데 김 이사는 나보다 몇 살이라도 어리잖아. 백세 시대에 열정이 중요하지 나이가 그렇게 중요할까? 새로운 걸 시작하기에 늦은 나이는 없어." 그렇게 용기를 얻어 빅데이터MBA학과에 지원했다. 함께하는 많은 사람 중에 인생의 새로운 방향을 결정하는 데 영향을 줄 수 있는 사람은 많지 않다. 함께 일하고, 치열하게 공부하며 인생의 앞날에 대해 느끼는 불안감과 어려움에 대해 소중한 마음으로 귀 기울여 들어주고 최선을 다해 조언해주는 분들이 있다면 용기내서 함께하지 않을 이유가 없지 않을까?

빅데이터MBA학과에 입학하자마자 때마침 인텔코리아에서 헬스케어 사업개발 담당 자리가 새롭게 생기게 되었고, 이 업무을 맡아 학업과 병행하며 빅데이터에서 큰 부분을 차지하고 있는 의료 · 헬스케어 · 생명과학 분야의 사업개발 담당자로서 새로운 커리어를 쌓아가고 있다.

"포기하지 마라! 오늘은 어렵고 내일은 더 나쁘지만 모레는 해가 비칠 것이다."

• 마윈馬雲(알리바바 회장)

새로운 도전을 즐기다

박지은(펄스나인 대표)

나는 과학 중점 고등학교인 경기도 안양의 부흥고등학교에서 천문 동아리 NOVA-X를 만들기도 했던 이과생이었다. NOVA-X는 천문 관측을 핑계 삼아 우주 이야기를 하는 친목 동아리였지만, 지구과학 선생님의 후원으로 고가의 천체망원경도 갖추고 있었다. 고교 시절에는 컴퓨터와 만화를 좋아하는 전형적인 덕후였지만, 친구들은 나를 사차원이라고 여겼다. 그러던 어느 날 '홍대'의 예술혼 넘치는 인디 문화를 경험하면서 충격을 받았다. 그 충격으로 이과생에서 진로를 바꿔 미대 입시를 감행했고, 다행히도 동덕여자대학교 산업디자인과에 입학할 수 있었다.

산업디자인과의 과목 중에서 특히 웹 기술과 액션스크립트 프로그래밍에 관심을 가졌지만, 공부는 모두 같은 진리를 추구하는 것이라고 생각해 금속공예 · 행정학 · 컴퓨터공학을 추가로 공부했다. 대학 졸업 후에는 CJ E&M(구 온미디어)의 방송사업본부 홍보팀에 유일하게 디자인을 할 수 있는 막내로 입사했다. 최전방의 경영기획실에서 홍보 업무를 하며 많이 배웠고, 4년 후에는 네이버 해피빈에 공익 마케터로 이직을 했다. 그곳에서 네이버의 공동 설립자를 직접 모시고 4년간 일하며, 서비스 기획 · 운영 · 마케팅 · 비즈니스를 경험할 수 있었다. 하지만 사회복지 분야의 측정하기 어려운 성과 평가 시스템과 그래서 느린 의사결정 때문에 답답함을 느낀 적도 많았다.

사회복지 분야의 문제는 개인으로도 조직으로도 풀기 어려운 문제라는 것을 깊이 느끼게 되었을 때 공부를 더 해야겠다고 결심했다. 그중에서도 데이터 기반의 객관적인 의사결정 방법론을 연구하는 빅데이터 학과를 선택했다. 여러 대학원 중에서 어시스트 빅데이터MBA학과가 가장 마음에 들었지만, 커리큘럼을 살펴보니 공부해야 할 것이 너무 많아 보였다. 그리고 회사 업무와 공부를 병행하는 것은 공부에 대한 만족도와 성취도가 크게 떨어질 것이라 생각해서 공부에만 전념하기로 했다.

그래서 출산휴가를 마치고 회사로 복귀한 지 1년 만에 다시 육아휴직을 내게 되었다. 출산휴가 1년 만에 육아휴직을 다시 쓴다는 것은 일반적인 경우는 아니었으나, 휴직 의지가 꽤 단호했기 때문에 회사에서도 말리지 못했다. 또한 이런 뜻을 잘 알고 있는 남편의 배려로 육아에 대한 부담도 어느 정도 떨쳐버리고 공부를 시작할 수 있었다.

어시스트는 대학원 진학을 결심하기 전부터 알고 있었는데, 동문 네트워크가 크고, 학위 트랙 구성이 자유로우며, 직장과 병행해 공부하는 학생들에게 안성맞춤이었다. 어시스트 빅데이터MBA학과에서 교과과목을 수강하면서 배운 다양한 빅데이터 기술에 매료되었고, 관련 자료를 새벽까지 탐독하면서도 힘든 줄 몰랐다. 대학원 공부와 병행해서 온라인 커뮤니티에도 참여했는데, 특히 인공지능 분야에 대한 배움의 열망이 컸다. 하루가 다르게 발전하는 인공지능 연구와 기술 트렌드, 새롭게 쏟아지는 논문, 프로그램 코드, 경험담 등 다양한 학습 자료를 공부하기에는 하루하루가 짧기만 했다.

자연스럽게 나의 모든 시간이 투자되었고 심지어는 육아휴직이 끝나자마자 계속 공부를 하기 위해서 망설임 없이 회사에 사표를 냈다. 순수하지만 지독한 호기심과 열망이 직장인의 길에서 벗어나게 한 것이다. 그리고 졸업하자마자 창업을 결심했는데, 불투명한 미래에 대한 불안보다도 새로운 도전의 긴장을 즐기는 나 자신을 보고 스스로 놀라웠다.

창업 초기에는 스타트업과 딥러닝에 관심 있는 멤버를 하나둘 모았다. 처음에는 챗봇을 중심으로 한 다양한 신기술을 오픈소스를 통해 구현하는 작업을 했으며, 자금은 크고 작은 사업 공모전을 통해 확보했다. 그러다가 디자인 시장의 잠재력에 눈을 돌렸다. 현재 디자인을 생산하는 방식은 지나치게 '사람의 손'에 의존하고 있는데, 미래에는 시장에서 필요한 디자인을 인공지능이 생산하게 될 것으로 예측해 챗봇 기반의 그림 인공지능 아트 서비스인 페인틀리Paintly를 개발하게 되었다.

페인틀리는 화가의 그림을 이미지 파일로 입력하면, 인공지능은 화풍을 추출해내고 학습을 통해 오차를 줄여나가면서 이를 시각화한다. 예컨대 고흐풍 이미지를 원한다면 페인틀리가 고흐의 작품을 학습하면 되고, 피카소풍 이미지를 원한다면 피카소의 작품을 페인틀리의 학습 재료로 제공하면 된다. 더욱이 페인틀리 능력은 단순히 원본 이미지를 고흐풍 또는 피카소풍으로 보정하는 것에서 그치지 않는다. 페인틀리는 기존 이미지를 특정 양식으로 전환하는 것을 넘어 인공지능이 학습된 스타일을 바탕으로 이미지에 디지털 감성을 불어넣는 게 핵심이다.

페인틀리는 컴퓨터 그래픽스를 기반으로 하고 있고, 딥러닝은 특히 이미지 연산에 강하기 때문에 성능이 꽤 좋았다. 그 덕분에 2019년 혁신 중소기업 제품으로 선정되어 청와대 전시를 할 정도로 주목받고 있다. 현재 페인틀리는 모바일 애플리케이션이고 웹 서비스를 통해 기업은 물론 개인도 이용할 수 있다. 유튜버 등 창작자가 점점 많아지는 시대에 클릭 몇 번으로 나만의 그림 또는 영상을 만들 수 있는 서비스로 성장할 것을 기대한다.

인공지능과 빅데이터에 대한 사회의 관심과 함께 패기 있게 시작한 회사지만, 부족한 경험과 불투명한 미래로 지칠 때도 있었고 자금이 바닥날 즈음에는 회사를 접을 생각까지 하기도 했다. 회사의 성장이 정체되거나 개인의 성장보다 늦어지면, 바로 그 순간 누구나 '나'라는 개인과 '회사' 간의 관계를 고민하게 된다. 창업과 스타트업이 옳은지 고민하는 순간들이 있었지만, 그때마다 고마운 인연의 도움으로 회사가 한 발씩 나아갈 수 있었다. 사람이 떠나고, 출시일이 늦어지고, 자금이 바닥나고, 비전이 불명확해 보이는 순간에 눈 밝은 고객들과 파트너들 덕에 버텨냈고 성장해왔으며, 그 과정에서 기술개발 목표도 명확해졌다.

스타트업이라는 업의 특성상 빈번하고 빠르게 관점이 바뀌고 그럴 때마다 제로베이스에서 생각하고 함께할 수 있는 성과를 만들어야 한다는 것이 어려웠다. 하지만 함께하는 업이었기에, 지금껏 갈 수 없는 곳까지 빠르게 나아갔다고 생각한다. 지금은 더 멀리 나아가고 싶고, 더 많고 훌륭한 사람들과 함께하고 싶은 욕심이다. 고비를 겪을 때마다 내가 스스로 포기한 직장인의 삶과 커리어에 대한 미련이 시나브로 되살아났다. 하지만 매순간 나 자신에 대한 생명력을 느끼고 배울 수 있어서 행복하다. 주인의식을 가지려는 직원이 아니라 주인으로서 만들어가는 회사는 많은 것이 다르다. 나의 업은 내가 가장 명료하게 알고 있기 때문에 삶과 일을 어느 정도 조절할 수 있게 되었다.

In My Personal Note

박지은 대표는 '아는 이는 좋아하는 이만 못하고, 좋아하는 이는 즐기는 이만 못하다知之者 不如好之者 好之者 不如樂之者'라는 『논어』에 나오는 공자의 말씀을 떠올리게 한다. 육아휴직을 내고 풀타임으로 공부에 매진하고, 육아휴직이 끝나자마자 아예 퇴사해서 더욱 공부에 매진하고, 졸업하자마자 과감히 창업하고, 지난 2년여 동안 부지런히 국내외로 다니면서 회사를 성장시키고……. 박지은 대표의 펄스나인에 대한 기사를 매스컴에서 접할 때마다 반갑고 대견하다. 박지은 대표는 오늘도 개발에, 투자자 미팅에, 고객 상담에, 스터디 그룹까지 발에 불이 나도록 다니면서도 전매특허인 생글생글 웃음을 잃지 않고 있을 것이다.

지하 매설물에서 사업 아이템을 찾다

민상기(애즈밸즈 대표)

내가 고등학교 때 아버지는 미래에는 컴퓨터가 대세라면서 286컴퓨터를 사다주셨다. 그 당시는 컴퓨터가 미래의 나의 직업이 될지는 몰랐다. 하지만 집안 환경은 이미 나를 그런 방향으로 유도하고 있었다. 바로 위에 형이 전산학과 대학생이었고, 『MSDOS3.1』, 『로터스123』, 『한글1.3버전』 등 컴퓨터 관련 서적이 거실 소파에 뒹굴고 있었으며, 정기 구독하는 컴퓨터 잡지를 통해서는 다양한 최신 동향을 접할 수 있었다. 당연히 친구들 사이에서도 나는 컴퓨터를 잘하는 친구로 통했고, 자연스럽게 대학 전공도 컴퓨터공학을 하게 되었다.

대학에 들어가서는 개인적으로 프로그램 언어보다는 운영체제가 더 흥미로워서 시스템엔지니어로 진로를 빨리 선택했다. 같은 일을 하는 형의 영향을 받은 탓인지 대학을 졸업하기 전에 취업도 하게 되어 이 분야의 지식과 기술을 빨리 습득할 수 있었다. 물론 윈도, 유닉스, 데이터베이스, 보안과 관련된 자격증을 모두 취득했으며, 자연스럽게 연봉도 따라서 올랐다. 돌이켜 생각하면 배우는 게 재미있어 이리저리 부딪치며 훌쩍 컸던 시절이다.

빅데이터와는 여러 사업을 통해서 점차 가까워졌다. 항상 기술적인 트렌드에 맞춰서 미리 공부를 한 덕분으로 초창기에 클라우드 시스템을 다루게 되었고, 2011년에는 LGU⁺에서 개인 추천화 모델 구축사업을 하게 되었다. 이후에도 몇 차례나 빅데이터 시스템 구축사업을 하다 보니, 기술적인 것을 넘어서서 빅데이터로 서비스하는 비즈니스에 관심을 가지게 되었다. 이를 체계적으로 공부하고자 어시스트 빅데이터MBA학과에 진학을 결심했다. 어시스트 빅데이터MBA학과에서는 현장 실무 경험이 풍부한 교수님들이 실제 진행했던 프로젝트를 중심으로 수업을 진행했다. 이런 과정을 통해서 사업 현장에서 궁금했던 부분을 많이 해소할 수 있었다.

창업은 이전에 회사에서 수행했던 프로젝트, 즉 지하 매설물에 대한 다양한 데이터를 수집하고 인공지능으로 분석해서 다양한 정보를 서비스로 제공하는 것을 사업화한 것이다. 이 프로젝트의 경험이 나에게 창업의 원동력이 되었다. 지하 매설물은 토목 영역이었고 빅데이터를 이용한 자동화 서비스 제공은 IT 영역이었지만, 나에게는 전혀 다른 영역의 언어와 로직을 함께 묶을 수 있는 소중한 경험이 있었다.

애즈밸즈는 지하 매설물에서 빅데이터를 수집해 인공지능을 기반으로 영상 분석과 솔루션을 제공하는 회사다. 지하에는 상수도, 하수도, 열수송관, 통신선 등 수많은 매설물이 있다. 이런 지하 매설물에 이상이 생기면 많은 사람이 엄청난 불편을 겪게 된다. 최근에 있었던 경기도 일산 백석역 열수송관 파열이나 서울 마포구 아현동 KT 통신선 전소 사건이 좋은 사례다. 애즈밸즈는 행정정보(주소, 인구, 전출입, 민원 등), 계측정보(유량계, 구압계, 수질계 등), 기관정보(상·하수도 시설/블럭/관망 자료, 건물 자료 등) 등을 수집한 뒤, 평소에는 실시간 모니터링을 통해 사고 발생을 예방하고, 장애가 발생하면 장애 지점 도출과 위치 시각화 등의 서비스를 제공한다. 특히 빅데이터 수업에서 배운 내용과 인공지능 알고리즘을 회사 솔루션으로 개발하고 특허와 지적재산권을 획득하는 데 큰 도움이 되었다.

처음에 어시스트에 입학했을 때는 창업한 상태였다. 빅데이터 MBA학과 수업은 금요일 저녁과 토요일에만 하기 때문에 창업과 학업은 병행이 가능했다. 첫 학기에는 매출이 전무한 상태였고 직원도 나 혼자였다. 하지만 2016년 말에는 16억 원의 매출을 올렸고 직원도 5명으로 늘었다. 2018년에는 20억 원 정도의 매출에 직원수는 급격히 늘어서 30명 정도다. 추진 중인 프로젝트가 많기 때문에 인원이 늘어났고, 이런 노력은 곧 매출 증가로 이어지리라 예상하고 있다.

현재는 어시스트 경영학 박사과정(빅데이터 전공)을 다니고 있다. 처음부터 박사과정까지 생각했기에, 사업도 한창 키워야 하는 단계라 무척 바쁘고 어렵지만 용기를 내서 도전했고 지금은 정말 잘했다고 생각한다. 수업을 들을 때마다 오늘은 어떤 것을 배우고 내가 하는 업무에 어떻게 접목할 수 있을까 하고 생각한다. 창업과 학업을 병행한다는 것은 당연히 쉽지 않지만, 같이 노력하는 동기들과 경험을 공유하는 선후배가 있어서 즐기면서 할 수 있었다.

창업과 학업을 동시에 선택하다

서동혁(영화조세통람, 이나우스 솔루션즈 대표)

자수성가로 사업을 키워온 부친을 보면서 어린 시절부터 경영자가 되겠다고 생각했다. 마침 인터넷이 처음 상용화되고 IT에 대한 세상의 관심이 고조되기 시작하던 즈음이라 중앙대학교 산업정보학과에 진학해 경영과 IT의 융합을 경험했다. 경영학, 경제학, 프로그래밍 언어 등이 혼재된 커리큘럼이 생소하고 따라가기도 버거웠지만, 경영 환경의 빠른 변화의 중심에 언제나 IT 기술이 자리하고 있음을 몸소 확인할 수 있었다. 그래서 새로운 기술이나 IT 트렌드 변화에 대해 꾸준히 관심을 갖고 공부를 해왔다.

회사 경영을 위해서는 재무나 회계에 대한 좀더 깊은 이해가 필요하다고 생각해서 회계학을 복수 전공했다. 특히 회계 · 세무 처리 특유의 논리성, 세법과 회계학의 상관관계, 세법의 변천 과정에 반영되어 있는 사회나 경제 이슈까지 읽히는 일련의 학습 과정에 매료되었다. 이후 미국공인회계사에 합격해 회계 법인에서 잠깐의 경력을 쌓은 다음, 부친이 설립해 운영해왔던 영화조세통람(세무 · 회계 분야의 출판, 교육, 온라인 정보 제공)에 입사했다.

영화조세통람에서 사업 기획, 대외 업무 담당, 사업부 임원을 거치며 10여 년 동안 실무 경험을 쌓은 후, 2013년 말에 대표가 되었다. 세무 · 회계 서비스라는 다소 딱딱하지만, 비교적 명료한 도메인 내에서 매년 변화하는 법과 규정에 맞춰 콘텐츠를 제작하고, 그에 따라 새로운 사업 기회가 발생하는 지식 서비스 업종에 종사한다는 자부심과 보람은 높았다. 하지만 그 이면에는 몇몇 대형 회계 법인을 포함해 우후죽순으로 생겨난 여러 후발 경쟁 기업과의 경쟁이 치열해졌다. 또한 국세청 등 국가기관에서 국민들에게 제공하는 무료 정보나 콘텐츠의 수준도 높아지고 있었다. 이제는 시대의 변화에 부합하는 새로운 비즈니스 모델을 준비해야 하는 절박한 상황에 처한 것이다.

2014년 우연히 신문에서 미국의 법률 서비스 관련 스타트업에 대한 기사를 접했다. CNN이 '세상을 바꿀 10대 스타트업'으로 선정한 이 회사는 법률 애널리틱스 플랫폼을 제공하는 피스컬노트Fiscal Note다. 피스컬노트는 미국 연방정부 법, 51개주 법안, 법안을 만드는 데 참여한 상 · 하원 의원들을 한눈에 볼 수 있는 플랫폼으로 복잡한 법안의 상정부터 시행까지, 그리고 여기에 관여한 의원들까지 원클릭으로 찾아볼 수 있다. 그리고 무엇보다 법안의 통과 여부를 예측할 수 있다는 것이 가장 큰 특징인데, 예측의 정확성은 90퍼센트 이상이다.

이것이 빅데이터 분석을 통해 가능하다는 사실을 아는 데는 그다지 많은 시간이 필요하지 않았다. 빅데이터와 새로운 기술의 접목과 그것이 가져올 파급 효과에 처음으로 눈을 뜨게 된 것이다. 40년 이상 법무, 세무, 회계 분야의 대표적인 콘텐츠 제공자contents provider로서 축적해온 데이터베이스, 즉 연도별 법령, 예판, 해설 상담 내역과 온·오프라인 저널, 3,000권 이상의 출판물 등 헤아릴 수 없는 수많은 데이터가 빅데이터 시대에서는 새로운 비즈니스의 가능성을 뜻한다는 것을 깨닫게 되었다. 다시 말해 이러한 과거의 데이터들을 통해 새로운 가치를 창출한다면, 그 자체가 새로운 비즈니스가 될 수도 있다는 생각으로 '데이터 관련 비즈니스 창업'과 '어시스트 빅데이터MBA 학업'이라는 2가지에 과감히 도전했다.

2016년부터 업무용 자동차의 관련 비용 인정에 관한 법인세법 규정이 변경되어 기업으로서는 법인세 신고가 까다롭게 되었다. 나는 이를 지원하는 솔루션의 시장성에 주목했다. 우선 기존 사업체와 분리해 새로운 회사인 '이나우스 솔루션즈'를 창업했다. 첫 사업으로 온보드진단기OBD라는 운행기록 자가진단장치를 통해 모바일 단말과 통신을 하면서 차량 운행기록과 거리, 관련 비용 등을 자동으로 수집하고, 이러한 데이터를 활용해 국세청에 편리하게 법인세 신고를 할 수 있도록 지원해주는 블루캣Blue CAT 서비스를 개발했다.

사물인터넷과 데이터 분석을 근간으로 한 서비스는 당시 변경된 법 규정에 대한 적절한 대응 방안(신고 업무)을 모색하던 많은 잠재 고객에게 좋은 호응을 얻었다. 게다가 기본 서비스 외에 운행기록 데이터 분석 내용을 고객들에게 제공해 업무용 차량 운행·관리의 효율적인 정책 수립을 위한 다양한 관점의 인사이트도 제공했다. 이미 이 서비스를 활용해 일부 정부부처의 법인 차량 관리시스템을 구축하고, 현재는 이를 고도화하는 추가 과제를 수행 중이다.

또한 이나우스 솔루션즈는 세무 분야의 대화형 챗봇을 개발해 모회사의 고객 세무 상담을 처리하기 위해 최종 베타테스트 중이고, 기존의 웹 기반 법령 정보 서비스를 중심으로 개인화(맞춤화)를 지향하는 콘텐츠 큐레이션 서비스 론칭을 목전에 두고 있다. 그 밖에도 세무사·회계사 등 전문가 대상 지식공유 플랫폼 개발, 핀테크 기반의 자산(금융, 부동산)·소득 관리 앱 등 새로운 플랫폼 기반 서비스를 기획·개발 중이다. 이러한 서비스들을 통해 얻을 수 있는 효과는 단지 서비스를 통한 본연의 효익效益 제공뿐만 아니라 기존의 전통적인 전문가 서비스 시장의 업의 개념을 재정의할 것이라는 기대감이 있다. 그와 동시에 플랫폼 운영을 통해 생성·가공되는 양질의 메타데이터들을 수집해 이것을 하나의 상품가치로 거래하는 데이터 마켓을 형성하는 데 일조할 수 있을 것으로 전망한다.

이나우스 솔루션즈는 제로베이스에서 시작된 것이 아니라 기존 회사의 데이터를 어떻게 활용할 것인지라는 화두에서 출발한 것이다 보니 자금 조달이나 운영적인 측면보다는 몇 가지 아이디어 또는 실험 대상 데이터들을 충분히 이해하고 적시에 필요한 기술을 제공해줄 수 있는 협력 생태계를 만드는 것이 가장 어려웠다. 우리의 아이디어와 사업 계획이 과연 기술적으로 타당한 것인지, 또 이것을 구현하려면 어느 정도 수준의 기술이나 자원이 동원되어야 하는 것인지에 대한 감조차 없었다. 초기에는 전혀 연고도 없던 타 기술업체와 학교 연구실 등에 문을 두드려 작은 인연을 만들어가기 시작했고, 시간이 지나고 프로젝트를 거듭함에 따라 내부 인적자원이나 파트너십이 조금씩 탄탄해지는 것을 보면서 보람을 느끼고 있다.

또한 늦깎이 학업은 매 과목마다 나의 부족한 베이스로 인해 어려움을 겪었지만, 데이터 과학과 인공지능에 관한 많은 이론과 사례에 대해 거시적인 관점에서 시야를 넓히기엔 모자람이 없었다. 특히 개발자와 데이터 전문가들과 함께 프로젝트를 진행하는 데 부족하지만, 우리만의 '기술 공용어'를 바탕으로 커뮤니케이션을 해나갈 수 있었기 때문에 언제나 충분한 이해와 확신을 바탕으로 중요한 판단을 해나갈 수 있었다.

기회란 변화의 물결 위에 떠다니는 것임을 자각하고 2년 전 창업과 학업을 주저 없이 선택했다. 미래의 불확실성에 대한 우려를 흥분되는 가능성으로 바꾼 것이다. 이나우스 솔루션즈는 창의적 · 반복적 탐구 과정을 통해 무엇을 질문해야 하고, 무엇이 문제가 되는지를 찾아내는 '발견의 과정'이 될 것이다. 데이터가 의미 있는 결과를 내기 위해서는 무엇보다 충분히 축적되어야 하듯이, 이나우스 솔루션즈도 긴 호흡으로 충분한 축적의 시간을 갖고 견뎌내도록 할 것이다.

일주일에 3일만 일하는 회사

이영희(블록베이스 CTO)

대학에서 컴퓨터과학을 전공하고 졸업 후 27년간 쉬지 않고 앞만 보고 달려왔다. 졸업 작품을 계기로 선택한 첫 회사에서 4년을 일하고, 그 이후 PC통신회사에서 3년 반을 일하면서 인터넷 환경 변화와 서비스 변화에 많은 관심을 갖게 되었다. 이런 관심으로 인터넷과 서비스 발전 방향에 따라 자연스럽게 초고속인터넷 서비스, 커뮤니티 서비스, 웹게임, 퍼블리싱 게임으로 나의 경험을 확대해나갔다. 나의 R&RRole and Responsibility도 개발자에서 팀장, 조직장으로 바뀌면서 기술적인 것보다는 기술 조직을 관리하는 쪽으로 무게 중심이 점점 옮겨져갔다.

회사 규모가 커지면서 회사의 방향과 나의 방향이 잘 맞지 않아 마음 맞는 동료들과 창업을 하게 되었다. 막상 회사를 창업하고 나니, 처음의 계획과는 다르게 조급해지고, 결국 얼마 후 사교육 관련 회사와 M&A를 했다. 다시 한번의 창업으로 모바일 게임을 만들고 서비스 플랫폼 안정화와 새로운 게임 플랫폼을 구축한 후에 직장 생활을 마무리했다. 그동안 여러 회사에서 일을 하고, 2번의 창업을 하면서 너무 많은 에너지를 소모했기에 휴식이 절실히 필요했다.

직장 생활을 하면서 누구나 10년 후 혹은 20년 후의 모습을 상상해볼 것이다. 나도 직장 생활을 시작하면서 몇 가지 목표를 세웠다. 첫째, 40세가 되기 전에 연봉 1억 원을 받자. 둘째, 40세가 되었을 때 잠시 일을 멈추고 해외에서 4년 정도 일을 하거나 공부를 하자. 셋째, 내 방식대로 내가 정말 하고 싶은 일을 하자. 넷째, 어느 정도 나이가 되었을 때는 일주일에 3일만 일하자.

첫 번째와 세 번째는 달성했는데, 두 번째는 기회가 있을 때마다 회사의 바쁜 일과 겹쳐서 포기해야만 했다. 계획보다 10년이 늦어진 시점에서야 공부를 하기로 결심했다. 데이터를 분석하거나 데이터베이스와 시스템 튜닝을 좋아하다 보니 자연스럽게 빅데이터 분석에 관심을 갖게 되었고, 이 영역에서 제대로 된 커리큘럼과 교수진을 구축하고 있는 어시스트 빅데이터MBA학과를 선택했다.

1학기는 공학도인 내가 접해보지 못한 영역(경영학과 데이터 과학 기초과목)을 제대로 공부하게 된 좋은 시간이었다. 특히, 다양한 도메인에서 일하는 동기생들과 대화하고, 다양한 업계에서 획을 그은 교수님들과의 수업이 즐거워서 어떻게 시간이 지났는지도 모르게 빨리 지나갔다. 케이스 스터디 방식의 수업 진행과 팀을 구성해 과제를 수행해가는 과정에서 다양한 관점과 방식에 대해 배운 좋은 기회였다. 2학기는 배웠던 내용과 IT에서 개발자로 일하면서 배웠던 다양한 언어를 빅데이터 분석이나 통계·기계학습의 관점에서 학습하게 되었다. 이미 언어에 익숙한 나에게는 수업 진행 방식이 조금 아쉽기도 했지만, 다른 측면에서 생각하는 기회가 되었다.

공부를 하는 과정에서 동기들과 많은 아이디어를 나누면서 27년간 일하면서 소모되었던 에너지가 조금씩 회복되었다. 지인의 소개로 '블록체인 기반 서비스'를 하고 싶어 하는 분을 만나게 되었다. 자신의 아이디어를 너무도 열정적으로 설명하는 모습에 '이런 사람하고 뭔가를 만든다면, 안 되는 것도 되게 할 수 있겠다'는 확신이 들어 스타트업을 공동 설립하게 되었다.

우리 회사의 철학은 "인터넷 사용자가 만들어낸 네트워크의 힘을 인터넷 사용자에게 돌려준다"이다. 이런 철학에 걸맞은 블록체인 기반 플랫폼을 기획 중이고 일정 시간 후에 제대로 된 모습으로 선보일 예정이다. 더불어 이런 서비스를 만드는 구성원에게도 행복한 회사로 만들고 싶다. 나의 네 번째 꿈은 하루에 4시간만 일하거나 일주일에 3일만 일하는 것이다. 또한 시간과 장소에 구애받지 않고 자신이 집중할 수 있는 시간에 원하는 곳에서 자유롭게 일하는 것이다.

누구나 이런 환경을 원하지는 않지만 자신이 원한다면 이런 형태로 일할 수 있는 환경을 구축하고 싶다. 물론 그만큼 책임감도 따르고 결과에 대한 확신과 믿음이 뒷받침되어야 한다. 이런 꿈을 이루기 위해서 초기부터 회사의 문화와 플랫폼을 잘 구축해 장소와 시간에 구애받지 않고 일할 수 있는 회사로 키워가고 싶다.

"세상의 이치는 무한한 유사성과 그럼에도 무한한 다양성이다."

• 디나 크레이크Dinah Claik(소설가)

제6장

다양한 배경의 데이터 사이언티스트

사람, 아름다움, 앎을 향해서

송한나(Cognitum Lab 대표)

나의 첫 직장은 운 좋게도 내가 감히 꿈도 꾸지 못할 최고의 디자인 회사였다. 당시 한국에서 가장 디자인을 잘하는 회사였고, 내가 그 회사에 다닐 수 있으리라는 상상도 하지 못했다. 스마트폰이 등장하기 전 웹사이트는 인터랙티브 디자인을 할 수 있는 거의 유일한 매체였기 때문에 새로운 영역에 도전하고 싶었다. 그 후 나는 거의 디자인에 미쳐 살았다. 길을 걸으면서도, 밥을 먹으면서도, 잠을 자면서도 디자인을 구상했고, 눈만 뜨면 디자인을 했다.

웹사이트를 디자인하면서 디지털 기술에 대한 새로운 시각을 갖게 되었다. 인간과 컴퓨터의 상호작용을 연구하는 HCIHuman-Computer Interaction 분야에 대한 관심을 갖고, 공부한 내용을 UI 디자인을 할 때 적용해보기도 하며 정말 모든 것을 쏟아부어 디자인을 했다. 그렇게 거의 4년간 디자인을 하며 보낸 시간은 1만 시간을 훌쩍 넘기고도 남았다. 그 시간 덕분에 나는 디자인 팀장으로, 오래지 않아 디자인 실장으로 일할 수 있게 되었다.

어느 날 헤드헌터에게서 전화를 받았다. 삼성의 한 계열사에서 디자인팀을 만든다고 했다. 처음에는 대기업에서 부품처럼 일하는 것에는 관심이 없다며 거절했지만 호기심이 생겼다. 이전까지는 고객사였던 회사의 내부에서 내가 디자인 의사결정을 해야겠다는 생각이 들었다. 삼성SDS는 지금까지 일해온 환경과는 전혀 달랐다. 조직은 거대했고, 업무 체계는 복잡했고, 소통 방식도 달랐으며, 고객과 제품이 달랐고, 그에 따라 디자이너가 다루어야 하는 디자인 규모와 범위도 달랐다.

회사의 수많은 웹사이트를 통합하는 가이드라인 시스템을 만들어야 했고, 제품을 만들기 위해 사용자를 연구하고, 브랜딩부터 웹사이트 · 모바일앱 · 브로슈어까지 일관된 콘셉트를 수립해야 했다. 내가 원했던 통합적인 디자인을 할 수 있어서 너무나 즐거웠고 귀중한 경험이었다. 처음에는 디자인TF팀에서, 나중에는 사업부에서 B2B 제품의 UX · UI 디자인을 담당했다. 그런데 여전히 갈증은 풀리지 않았다. 사업부의 제품은 기존 제품을 개선하거나 리뉴얼하는 경우가 많았고, 전혀 새로운 제품을 만드는 일은 드물었다. 그렇다면 새로운 제품을 미리 만들어볼 수 있는 곳은 어디일까? 연구소라면 선행 연구를 통해 새로운 제품 개발에 참여할 수 있으리라 생각했다.

내가 연구소에서 한 경험은 새로운 도전을 하게 된 매우 중요한 계기가 되었다. 나는 UX · UI 디자인을 하면서, 특히 정보를 효과적으로 전달하는 인터페이스를 디자인하는 것에 깊은 관심을 갖고 있었고, 데이터 시각화라는 전문 분야가 있음을 알게 되었다. 데이터 시각화가 매력적인 이유는 눈에 보이지 않는 복잡하고 많은 데이터를 사람이 인지할 수 있는 형태로 변환해 새로운 이야기를 만들어낸다는 점이다.

당시는 빅데이터 열풍이 불던 때였고, 연구소에서는 빅데이터 분석 프로젝트가 진행되고 있었다. 나는 빅데이터 분석 시스템의 UX · UI 디자인을 담당했고, 그 과정에서 데이터 분석이라는 더 큰 세계가 있음을 알게 되었다. 그 다음으로는 딥러닝과 인공지능 열풍이 불어왔다. 그러나 데이터 분석이나 딥러닝은 흥미로운 분야이긴 했지만, 여전히 내가 할 수 있는 일은 아니라고 생각했다.

나는 오랜 직장 생활로 많이 지쳐 있었고, 무언가 변화가 필요한 시점이었다. 그러나 그 변화의 방향과 구체적인 방법이 무엇인지는 알 수 없었다. 나는 퇴사를 하고, 작은 스타트업에서 일을 하기 시작했다. 스타트업이기에 좀더 자유롭고 주도적으로 디자인이 기업에 중요한 역할을 담당하기를 기대했지만 생각처럼 되지 않았다. 스타트업 문화는 지금까지 내가 일해왔던 디자인 에이전시와도 다르고, 대기업과도 다른 종류의 마인드셋을 요구한다는 생각이 들었다. 나에게 필요한 전환점은 스타트업에서 일하는 것이 아닌 뭔가 다른 것이 필요하다는 생각을 했다.

그러던 중 우연히 어시스트 빅데이터MBA학과를 알게 되었다. 예전에 가졌던 데이터 분석에 대한 호기심과 관심이 되살아났다.

그런데 인문계 전공자가 데이터 분석 공부를 하면서 부딪치는 장벽은 수학과 코딩이다. 사칙연산 외 대부분의 수학 기호가 외계어처럼 보였기에, 고등학교 수학 참고서를 구입해 훑어보았다. 모르는 용어나 개념이 나올 때마다 검색을 해서 하나씩 익혀나가야 했다.

데이터 분석을 공부하면서 다시 한번 쓸모없는 공부는 없다는 사실을 실감했다. 웹디자인을 할 때는 퍼블리셔나 프론트엔드 개발자와 협업해야 하기 때문에 웹 개발에 대해 기본적인 대화가 될 정도의 개념은 알아야 했다. 연구소에서 일할 때는 각종 기술 세미나와 사내 스터디가 있으면 가능한 한 빠짐없이 참석했다. 내가 도저히 알아들을 수 없는 이야기라도 엔지니어들이 무슨 일을 하는지 알기 위해 용어라도 익혀두려고 했다.

어시스트 빅데이터MBA학과는 주로 현업에 종사하는 직장인 대상의 과정을 운영하는 경영전문대학원이기 때문에, 일반적인 대학원의 분위기와 많이 다르다. 이미 상당한 직장 경력을 갖고 있고 자신의 전문성을 명확히 갖고 있는 상태에서 좀더 커리어를 업그레이드하거나 전환하려는 뚜렷한 목표를 갖고 진학하는 사람이 많다. 이곳에서 지금까지 만나기 어려웠던 다양한 분야에 종사하는 분들을 만날 수 있었고, 또한 이미 상당한 지위에 오른 분들도 만날 수 있었다. 그 덕분에 더욱 자극을 받을 수밖에 없었고 동시에 더욱 겸손해지지 않을 수 없었다.

나의 궁극적인 관심의 중심에는 언제나 일관성이 있지만, 인생의 각 시기마다 내가 처한 상황에 따라 관심을 갖게 되는 분야가 달라져왔다. 내가 모든 분야에서 관심을 갖는 키워드가 무엇인지 찾아

보면 공통적으로 등장하는 것이 있다. 사람人, 아름다움美, 앎知 3가지다. 나는 결국 사람이 어떻게 보고 느끼고 이해하고 생각하고 아름다움을 느끼고 감동을 하는지, 사람에게 도움이 되는 정보나 사물을 어떻게 쓸모 있고 아름답게 만드는지, 사람이 생각할 때 두뇌가 작동하는 방식을 알면 기계로도 만들 수 있는지, 그렇다면 기계도 사람처럼 아름다움을 느끼고 창조할 수 있는지, 사람들이 데이터로 남긴 흔적을 분석해서 사람에 대한 새로운 이해를 얻을 수 있는지, 사람들이 데이터와 정보를 알기도 쉽고 보기도 좋게 만드는 방법은 무엇인지, 이런 것들이 궁금하다. 결국 내가 가진 관심사가 서로 다른 방식으로 변주되고 있는 것이다.

빅데이터 기반 감사의 시작

> 김용기(감사원 회계사)

나는 어렸을 때 한글을 또래에 비해 상당히 늦게 뗐다고 한다. 조바심이 난 어머니는 직접 내게 한글을 가르치려고 했지만, 나는 '공부하기 싫어요!' 하고 도망쳤다고 한다. 한글 학습은 또래에 비해 떨어지는 아이였지만, 산수는 좋아해서 잘했고 자연스럽게 과학 과목도 잘했다. 수학과 과학에 대한 나의 흥미와 약간의 재능을 응원하고 북돋아주신 선생님을 만난 덕분에 초등학교 4학년 때부터 소위 '경시반'의 삶이 시작되어 중학교 때까지 계속 이어졌다.

전국 대회의 수학과 과학 경시대회에서 일정 수준 이상의 성과를 냈고, 나는 당연히 과학고등학교에 진학하고자 했다. 하지만 법 관련 일을 하길 원했던 부모님의 바람에 따라 나는 비평준화 인문계 고등학교에 진학했다. 인문계 고등학교 수업은 내게 공부에 대한 흥미를 빼앗아갔다. 다행히 초등학교부터 중학교까지 경시반에서 열심히 공부했던 나의 관성으로 서울대학교 불문과에 입학할 수 있었다.

수학과 과학을 좋아했던 아이가 불문과에서 놀 수 있을까 할 정도로 미친 듯이 놀았다. 대학교 2학년 때까지 학교에 있는 소위 '수족관(도서관)'에 한 번도 가지 않았다. 그러다가 나와 비슷한 성향의 불문과 친구들이 각자 원하는 과(경제학과, 경영학과, 법학과 등)로 전과를 준비하고 있다는 사실을 알고 충격을 받았다. 하지만 나는 전과를 할 수 없었다. 전과를 하기 위해선 높은 수준, 아니 아주 높은 수준의 학점이 필요했다. 2년 내내 도서관 한 번 가지 않은 나의 학점이 좋을 리 만무했다.

그래서 나는 노량진으로 갔다. 재수학원, 아니 삼수학원을 다녔다. 다행히 나의 과거 수능 성적을 높게 평가한 원장님의 배려로 나는 무료로 학원을 다닐 수 있었고, 공부만 열심히 하라는 격려로 매월 일정 금액의 장학금도 받았다. 정말 다행히도 그해 수능에서 단 3개만 틀리자 부모님을 포함한 주위 사람들은 모두 내게 법학과로 가라고 했다. 하지만, 이번에는 나는 내 소신대로 문과 중에서 수학과 과학을 가장 사랑한다는 경영학과에 입학했다.

당시 나는 숫자로 세상을 이해하고 싶었고 숫자로 돈을 벌 수 있는 회계사가 되고자 했다. 경영학과에서 내 생활은 참으로 알찼다. 공부도 공부거니와 현장에서 일하고 있는 선배들을 직접 만나서 살아 있는 지식도 많이 배웠다. 3년 만에 우등 졸업할 수 있었고, 졸업 직후 회계사 시험도 합격해 회계법인에 입사했다. 회계법인에서 많은 감사 대상 회사를 실제 감사하는 과정에서, 공부할 때와 달리 나는 많은 살아 있는 데이터를 다루게 되었다.

하지만 초짜 회계사에 불과했던 나는 선배들이 이전에 해왔던 것처럼 감사 대상 회사 관계자가 ERP(전사적자원관리) 시스템에서 추출해준 요약 데이터를 엑셀을 통해 분석 · 검토할 뿐 가공되기 전의 데이터인 로 데이터raw data를 직접 입수하고 분석하지는 못했다. 하지만 시간이 된다면 로 데이터를 이리저리 만져보고 분석해보고 싶었다.

회계사의 삶은 녹록지 않았다. 소위 '시즌'이 반복되는 과정에서 과거의 업무 틀을 깨기는 쉽지 않았고, 한국에서 회계감사는 '알코올'이 매우 중요한 역할을 했던바 숙취를 깨기도 쉽지 않았다. 그러다가 나는 장교로 군대를 갔다. 재정 장교로서 예산과 자금을 다루는 업무를 했는데, 나중에는 '육군종합행정학교'에서 회계학과 세법의 교관 임무를 수행하게 되었다. 교관이다 보니 다른 장교와 달리 내 업무 시간을 내 스케줄에 따라 조절할 수 있었고, 이를 계기로 나는 공부를 더 하고자 했다. 마침 세법 과목도 담당하고 있었기 때문에 세법에 대한 공부를 하고자 했다.

세법에 대해선 우리나라에서 가장 좋다고 하는 세무전문대학원에 시험을 거쳐 입학했다. 2년의 수학 기간에 세법 분야에서 실력 있는 교수님과 선배님들, 현업의 전문가들을 만나 내 세법 실력도 향상되었다. 나는 전역 후 회계법인의 회계감사 부서에 복귀하지 않고 세무부서로 옮겼다. 하지만 회계법인에서 삶과 비슷했고, 정형화된 업무도 그대로였다. 때마침 나의 고객사였던 게임회사 N에서 입사 제안을 받았고, 첫 이직을 하게 되었다.

게임회사 N에서는 회계 · 세무 업무를 담당하지 않고 기획 업무를 담당했다. 기획 업무라는 것이 명확하게 어떤 업무를 지칭하는 것이 아니라 모든 업무에 관여하는 일인지라, 나는 다양한 업무를 접할 수 있었다. 특히 운영 중이었던 여러 게임의 서버에 365일 24시간 동안 축적되고 있는 엄청난 데이터는 인상적이었다. 그 데이터 분석을 기반으로 게임 이용자에 대한 상품 기획과 마케팅 기획 등을 했고, 그 결과는 상당히 성공적이었다.

하지만 경영학도에 회계사였던 나는 그 게임 데이터 분석의 자세한 내용은 잘 이해하지 못했고, 일정 수준의 착안을 제안하는 수준에 그쳤다. 그래도 해당 분야를 좀더 공부해서 직접 데이터를 분석하고 싶었다. 하지만 안타깝게도 당시 게임이 3대악으로 분류된 후 다양한 규제가 시작되었고, 이는 곧 게임산업의 구조조정으로 이어졌다. 나는 기획 업무를 담당하고 있던 터라 구조조정 업무도 나에게 주어졌다. 상당히 힘들고 어려운 업무였지만 나름으로는 성공적으로 마무리할 수 있었다. 그때 마침 감사원에서 회계사를 채용하고 있었고, 예전부터 상당히 관심이 많았던 기관이었던지라 감사원에 지원했다.

나는 감사원 감사관으로서 정부기관과 정부투자기관 등을 감사하는 업무를 맡았다. 정부기관들은 많은 데이터를 다양한 형태로 생산하고 있었는데, 감사원이 특정 정책을 주관하고 실행하는 부처가 아니기 때문에 특정 빅데이터를 직접 축적 · 관리할 수는 없지만, 이 빅데이터를 가공 · 분석해 가치 있게 활용할 수는 있었다. 하지만 이를 위해서는 차별화된 기술 혹은 기법의 확보가 핵심이었다. 이번에는 빅데이터와 관련해 최고의 학교에 가고 싶었다. 그래야 빅데이터 분야의 저명한 교수님들, 선배님들, 현업의 전문가들 등을 만날 수 있기 때문이다. 여러 분야에 있는 지인에게 자문한 결과 어시스트 빅데이터MBA학과를 알게 되었다. 실제 업무에 도움이 될 수 있도록 구성된 커리큘럼과 최신 지식으로 업데이트된 수업 등이 나를 만족시켰다.

1년 반의 과정에서 많은 것을 배우고 현장의 살아 있는 지식 등을 접하면서 빅데이터 분야의 3가지 형태의 전문가(빅데이터 IT 전문가, 빅데이터 분석 전문가, 빅데이터 도메인 전문가) 중 빅데이터 분석 전문가와 빅데이터 도메인 전문가가 결합된 '빅데이터 감사전략 전문가'가 되고 싶었다. 적절한 기법에 따라 가공되고 분석된 빅데이터는 감사관의 감사 목적과 감사 전략 등에 따라 재구성 · 맞춤화할 수 있는 효과적인 동적 자원이 될 수 있었기 때문이다.

이를 토대로 시시각각 빅데이터를 생산하고 있는 공공기관 감사 현장에서 감사 수요를 도출하고, 효과적이고 효율적인 감사 전략을 수립할 수 있는 감사관이 되고자 했다. 물론 1년 반의 수업 기간은 변화하고 있는 빅데이터 분야를 충분히 배우고 익히기엔 사실 부족한 시간이다. 계속 배우고 익혀야 한다. 기회가 된다면 박사학위 과정에서 공공 빅데이터를 중심으로 활용 방안과 효율적인 구축과 구조 등을 공부하고 싶다.

데이터 속에서 멋짐이란 것이 폭발한다

최경선(바이팅핑거스)

어릴 적에도 나는 참 '멋진' 걸 좋아했다고 한다. 그래서 내복을 입고 유치원에 등원하는 불상사도 발생했다. 아마 최애하던 캐릭터가 그려진 내복이었을 것으로 생각되는데, 엄마의 시선을 피해 집에서 나와 겉옷을 벗었지 싶다. 엄마는 지금도 가끔 고개를 절레절레하며 말씀하신다. 못 말리는 어린이 한 명이 우리 집에 있었다고. 나의 멋진 것을 향한 내 인생에서 최고 열정은 아마 고등학교에서 대학교로 넘어가는 시절 발휘되지 않았나 싶다.

국어와 사회보다는 수학과 과학을 좋아했던 나는 너무나 당연히 이과를 선택했고, 대학에 갈 무렵에 아버지께서 말씀하셨다. 이 세상 우리 일상의 대부분은 화학으로 이루어지지 않은 것이 없으니, 화학과에 가지 않겠느냐고. 나는 흔쾌히 그러겠다고 했지만 사실 나를 화학과에 진학하게 만든 건 순전히 다른 이유였다. 그것은 고등학교 때 서울 여의도 불꽃축제에 갔는데, 친구와 그것을 본 그날 밤에 나는 다짐했다. 저 물리적인 먼 거리에서 자로 잰 듯 하늘을 수놓으며 감동을 주는 저 멋진 것을 업으로 삼아야겠다고…….

그렇게 부모님과는 동상이몽으로 화학과에 진학한 나는 그날부터 '불꽃놀이 전문가 되기' 삼매경에 빠졌고, 그 시작은 관련 필수 자격증 서적 구매하기였다. 강남역 서점에서 책을 사들고 나오는 길에 운명처럼 에버랜드 직행이 적힌 버스를 발견하고, 무언가에 홀린 듯이 버스에 올라탔다. 그 당시 국내 불꽃놀이의 최고는 에버랜드에서 있었던 것 같다. 그렇게 도착한 놀이공원의 입장료는 생각보다 비쌌고, 치기어린 그 시절의 나는 불꽃놀이 담당자를 만나고 싶다며 안내데스크에 당당하게 이야기했다.

그 직원은 학생의 열정을 귀엽게 여겼는지 담당자를 불러주었다. 그렇게 나는 인생 첫 번째 멘토를 만나게 되었다. 지금 생각하면 그 시절로 다시 돌아간다 해도 그렇게 순진한 열정을 발휘할 수 있을까? 지금의 나도 친구들이 보기엔 그 시절 만만찮게 여전히 하고 싶은 것은 하고 마는 사람으로 기억되어 있다.

일찍이 멋진 것에 대한 갈망으로 패션을 동경해왔다. 그렇지만 무에서 유를 창조한다는 것은 아무나 할 수 있는 일이 아니며, 더욱이 내가 가지고 태어난 그릇으로는 해낼 수 없는 일인 것 또한 진즉에 깨달았다. 하고 싶은 것을 하고자 하지만 동시에 현실적으로 나를 판단하고 바라보는 눈을 가진 것을 감사하게 생각한다. 창조할 수 없다면 널리 알리는 일을 해보는 게 좋겠다고 생각했다. 그래서 외국의 수많은 아름다운 브랜드를 우리나라 멋쟁이들에게도 손쉽게 접할 수 있게 해주겠다는 당찬 포부로 글로벌 브랜드를 수입하는 바잉MDBuying MD가 되고자 했지만 현실적인 벽이 존재했다. 누구나 다 그러하듯이.

지금의 나는 패션도 과학도 하고 있다. 패션 비즈니스를 위한 각종 콘텐츠를 기획하는 일을 하고 있다. 9년째 사회에 나와 일을 하고 있지만 여전히 세상의 흐름에 왕성한 호기심을 가진 나에게 어느 날 다가온 또 다른 멋진 것이 있다. 데이터 과학, 데이터 기반 의사결정data-driven decision making이라니! 인터넷 시대에 떠다니는 무수한 잡음 속에서 의미 있는 신호를 걸러내 어떤 결정이든 효율적으로 해낼 수 있다니! 데이터 사이언티스트라는 분야를 접하게 된 그날로 각종 포럼과 세미나에 참석하고, 어시스트 빅데이터MBA학과가 존재한다는 것을 알았다.

나는 학위 욕심은 없지만 하고 싶은 공부는 해야 해서 큰 고민 없이 지원을 하고, 면접을 보고, 힘들게 과정을 따라가다가 이제 막 논문을 끝내고 졸업을 했다. 원래 컴퓨터와 친분이 없는 나는 많은 개발자들과 같은 강의실에서 공부를 하면서 내가 어디서 무엇을 하는 중인지 헤맬 때도 많았다. 3학기를 공부하면서 내린 결론은 내가 경험한 도메인과 기획력은 충분한 무기가 될 수 있고, 개발자들과 협업을 할 수 있는 수준의 프로그래밍 학습이 더해진다면 데이터 과학 분야에 '멋진' 인재가 될 수 있다는 것이다.

패션 비즈니스 기획이라는 분야에서 경험치를 쌓고 있는 내가 빅데이터라는 학문을 접하면서 최근 비전을 보고 있는 분야는 '미디어 커머스'다. 최근 시장과 미래 트렌드를 이끄는 핵심 소비자로서 밀레니얼 세대를 논한다. 그들의 소비 성향은 기존의 방식과는 급격하게 변화하고 있어서 그만큼 플랫폼의 혁신을 요구하는 시대다. 텍스트보다는 이미지가, 이미지보다는 영상 콘텐츠의 소비가 자연스러운 밀레니얼 소비자들의 특징을 알고 그들에게 맞는 전략이 필요하다.

패션 시장에서도 예외는 아니다. 나는 패션 브랜드들이 소비자들의 지갑을 열게 하기 위해 그들의 제품을 영상으로 콘텐츠화하고, 그 콘텐츠를 바로 구매 페이지로 연결하는 기술과 그 기술이 접목된 플랫폼을 구현하는 것에 비전을 두고 공부하고 있다. 실시간 영상 속 이미지를 인식하고 매칭하는 기술이 최근 머신러닝 쪽에서 관심을 두고 있는 분야이고 또 그만큼 기술도 많은 발전을 이루고 있다. 기술을 기술로 여기는 데 그치는 것이 아니라 실제 비즈니스로 연결해 성공 가능성을 높이는 것이 나 같은 다양한 도메인에서 온 사람만이 할 수 있고 또 해야 하는 일인 것 같다.

데이터 사이언티스트라는 분야를 알고, 그 분야로 진입하기 위해 수학을 하고 있는 나는 보이는 멋진 것을 갈망하지만, 동시에 논리적이고 이성적인 성향을 가진 나라는 사람을 좋아하게 되었다. 우리는 누구나 태어난 모양이 다르지만, 그 모양을 인정하고 하고 싶은 일은 열정 있게 하다 보면 각 분야에서 '멋진' 인간으로 존재할 수 있다고 생각한다. 나는 그것을 데이터 과학 분야에서 하기로 마음먹었고 앞으로도 어린 시절 그 못 말리는 어린이로 열정을 다하고자 한다.

빅데이터가 마련해준 거대한 실험장

고승연(동아일보 미래전략연구소)

나는 조부모가 초등학교 교장과 교감으로 퇴임한 집에서 자란 전형적인 '문과 집안 출신 문돌이'다. 할아버지가 어릴 때부터 앉혀놓고 신문을 읽히던 분위기라, 어른이 되면 당연히 글을 쓰는 직업을 갖게 될 것으로 생각했다. 다양한 인문학과 사회과학 중에서 진로를 모색하던 중 정치와 경제, 사회에 대한 관심과 궁금증을 한꺼번에 해결할 수 있다는 장점을 생각해 고려대학교 정치외교학과에 진학했다. 다행스럽게도 정치학이라는 학문은 적성에 매우 잘 맞았고 즐겁게 공부했다.

이후 동대학원으로 진학해서 통계학 등을 본격적으로 공부하면서 '정치 행태' 분야를 전공했다. 「16대 대선에서의 무당파층 특성 및 행태 연구」로 석사학위를 받고 장교로 군에 입대해 공군에서 인사장교로 복무한 뒤 유학과 취업 사이에서 고민하다 절충안으로 언론사에 입사했다. 2008년부터 매일경제신문사에서 사회부 경찰 출입기자, 법조 출입기자, 시청 출입기자 등으로 3년간 활동하다가, 이후에는 매경MBA 섹션기자, 다시 유통경제부 기자 등으로 활동했다. 경영 전문 섹션에서 일할 때 시간 조절이 가능한 부서 특성을 이용해 동대학원 박사과정에도 진학했다.

'하루살이 기사'로 소모하고 살기보다는 깊이 있고 오래가는 콘텐츠 생산을 하기 위해 2013년 초 『동아비즈니스리뷰DBR』와 『하버드비즈니스리뷰』 한국판을 만드는 동아일보 미래전략연구소 경영지식팀으로 이직했다. 박사과정도 학기 중에는 주말에도 매일 4시간을 채 못 자는 생활을 하며 필수 학점과 학술지 논문 등 요건을 채우며 2016년에 수료했다. 현재 박사학위 논문을 쓰고 있다.

2011년 여름부터 경영 전문 섹션을 맡아 호흡이 길고 다소 깊이 있는 내용의 비즈니스 콘텐츠를 만들기 시작하면서, 스마트폰 보급과 SNS 활성화 이후 완전히 변화하고 있는 비즈니스 환경에 대해 관심을 갖게 되었다. 이런 과정에서 미국 버락 오바마 대통령의 재선 과정에서 빅데이터 분석과 개인 맞춤형 캠페인이 만들어낸 성과에 대해 알게 되었다. 이때부터 더욱 관심을 갖고 특히 정치 분야와 관련된 빅데이터 서적은 꾸준히 찾아 읽었다. 그러던 중 『빅데이터가 만드는 세상』이라는 책을 읽고 큰 충격을 받는다.

책을 관통하는 메시지는 '사회과학은 끝났다!'였다. 저자들은 '사회현상에 대한 인과성 규명'보다 '상관관계 패턴을 찾아내 문제를 해결하는 것'이 훨씬 중요하다고 주장하며, 이를 다양한 사례를 통해 뒷받침하고 있었다. 그 핵심은 이렇다. 우리가 '모수parameter'를 알 수 없을 때에는 확률론에 기반해 샘플링을 하고 인과관계 가설을 세워 검증해 미래를 예측한다. 하지만 모수를 안다면 실제 상관관계 패턴만 알아내서 그에 따른 예측과 대처가 가능하기에 굳이 가설을 세워 검증하는 일이 필요하지 않다.

대표적인 사례로 제시된 것은 미국 뉴욕의 맨홀 뚜껑 폭발과 미숙아실 사망 사고 해결이었다. 오래된 도시인 뉴욕에는 간혹 맨홀 뚜껑이 폭발해 하늘로 솟아올랐다가 떨어지는 일이 있는데, 그럴 때마다 뚜껑이 엄청 무거운 쇳덩어리인 탓에 큰 사고가 발생했다. 문제는 언제 어디서 폭발할지 알 수 없다는 것이다. 그래서 통계학자, 데이터 사이언티스트, 도시계획 전문가들이 모여 200년간의 도시 설비 · 인프라 자료 중 구할 수 있는 모든 것을 구해서 분석했다. 이를 통해 '폭발하는 맨홀 뚜껑'의 패턴을 도출한 후에 같은 패턴을 보이는 맨홀 뚜껑을 집중관리하기 시작해 사고를 막았다. 왜 그런 맨홀들이 폭발하는지 그 원인은 모르지만 문제는 해결된 것이다.

미숙아의 사망 사고도 마찬가지로 해결되었다. 미숙아실에서 아이들이 자꾸 사망하는데 역시나 원인을 몰랐다. 그래서 미숙아에 대한 엄청난 양의 데이터를 모아 패턴 분석을 했다. 그 결과 바이탈 사인vital sign(활력 징후)이 가장 좋았던 미숙아들이 다음 날 사망하는 경우가 많다는 것을 밝혀내고 바이탈이 좋을수록 집중 케어해서 사망률을 낮추었다. 물론 아직도 왜 바이탈 사인이 좋은 미숙아가 더 많이 사망하는지는 알 수 없지만 문제는 해결된 것이다.

박사과정을 마치고 논문을 써야 하는 상황에서 마음속 깊은 곳에 사회과학의 기존 방법론에 대한 회의감이 자리 잡기 시작했다. 결국 기존의 방법론으로 논문을 쓰기보다는 변화하는 세상의 새로운 방법론을 기반으로 논문을 쓰기로 결심하고 어시스트 빅데이터MBA학과에 입학했다. 현재는 소셜 · 커뮤니티 감성 분석과 투표 행태 등을 연계시키는 석사논문을 준비하고 있다. 이 석사논문의 연구 결과를 다시 한번 발전시켜 정치학 박사논문을 완성한다는 계획을 갖고 있다.

어시스트 빅데이터MBA학과를 수료한 2019년 2월 현재, 처음 생각했던 것처럼 데이터 과학의 발전은 '사회과학의 죽음'이라고 생각지는 않는다. 어차피 20세기의 학문인 사회과학은 금융위기도 예측 못하는 경제학, 트럼프의 당선도 예측 못하는 정치학, 사회변화 예측에 실패한 사회학 등으로 인해 이미 숨만 붙어 있는 상황이다. 오히려 최근 출간된 『모두 거짓말을 한다』에서 지적했듯이, 빅데이터로 인해 이 세상은 다시 거대한 실험장이 되었다.

예를 들어 경영학에서 학부생들에게 '쾌락재hedonic goods'라며 초콜릿을 주고 실험하고, 그 결과를 구조 방정식에 넣고 꼬아서 억지로 검증하던 시대는 끝났다. 드디어 사회과학도 빅데이터로 인해 자연과학과 같은 '자연실험장'을 갖게 된 셈이다. 데이터 과학과 빅데이터를 통해 오히려 사회과학이 화려하게 부활할 수 있다고 나는 생각한다. 문과충은 그렇게 컴퓨터공학을 접했고, 외계어로만 보이던 코딩과 화해했다. 그리고 무엇보다 중요하게, 사회과학에 대한 회의감은 빅데이터가 마련해준 거대한 실험장에 대한 설렘으로 바뀌었다.

In My Personal Note

고승연 기자는 대단한 내공의 소유자다. 바쁜 기자 생활을 하면서도 잠을 줄여서 정치학 박사과정을 마쳤다. 매경MBA의 경영 전문 섹션과 『동아비즈니스리뷰』를 진행하면서는 웬만한 경영학 박사는 따라오지도 못할 정도의 넓고 깊은 경영 지식의 체계도 갖추었다. 그런 고수니까 정치학 박사논문을 제대로 쓰기 위해서 다시 빅데이터 석사과정에 입학해 공부를 하는 것이다. "내가 그 흔한 설문조사(혹은 실험)에 얼마나 진지하게 응답을 했을까?"를 생각해보면, 거기에서 얻은 응답 데이터를 이런저런 모델을 구겨 넣어서 가장 잘 나온 결과를 골라, 그것으로 만든 논문은 학위를 받기 위한 수단 외에는 별 의미가 없다고 생각한다. "학부생에게 '쾌락재hedonic goods'라며 초콜릿을 주고 실험하고, 그 결과를 구조 방정식에 넣고 꼬아서 억지로 검증하던 시대는 끝났다"는 고승연 기자의 선언은 폐부를 찌른다. 컴퓨터공학을 접했고, 외계어로만 보이던 코딩과 화해한 고승연 기자가 '빅데이터가 마련해준 거대한 실험장'에서 펼칠 활약에 박수를 보낸다.

간호사에서 데이터 사이언티스트로

안은주(성신여자대학교 시뮬레이션센터)

나는 어렸을 때부터 국어와 사회 등 문과 쪽 과목은 정답을 들어도 왜 정답인지 모르겠고, 수학이나 과학처럼 원리만 이해하면 답이 쏙 떨어지는 과목을 좋아해서 이과를 선택했다. 대학 전공은 동물 생태학과를 원했지만(당시 동물 프로그램을 매일 시청하고 제인 구달을 좋아했다), 선생님이 이 학과로는 먹고살기 힘들고 성적에 맞춰서 갈 만한 대학이 모호하다고 해서 어느 학과로 갈지 결정하지 못했다. 마침 학교로 홍보하기 위해 나온 국군간호사관학교가 취업도 확실하고(당시는 IMF 때였다), 사무실에서 평생 근무하는 것보다 특이하게 살 수 있을 것 같아 선택했다.

단순히 평범하지 않게 살려다가 입학한 사관학교에서 4년간 혹독한 생도 생활을 하게 되었다. 졸업 후에는 마산, 홍천, 이라크, 화천 등 주로 야전에서 간호장교로 12년간 남들이 경험하지 못하는 많은 일을 경험하며 근무했다. 홍천에서는 예비군 차량 사고나 육공 트럭 전복사고로 대량 전상자를 처리하기도 했고, 이라크에서는 새벽에 폭탄이 떨어져 방공호에서 인생을 되돌아보기도 했다. 화천에서는 인근 주민이 아이를 갑자기 낳아서 산부인과도 없는 군병원에서 아이를 받고 춘천까지 심폐소생술을 하며 가는 등 다른 간호장교들도 잘 겪지 않는 일도 경험했다.

소령 1차 진급에서 탈락해 충격을 받았다. 그 이유를 곰곰이 생각해보니 열심히 살아왔으나 그동안 상급자에게 받는 평정評定의 중요성을 간과한 것임을 깨달았다. 2차 진급이 되더라도 아니다 싶으면 이의를 제기하는 성격이어서 계속 장교 생활을 하기는 어려울 것 같아 전역하고, 성신여자대학교 교직원으로 이직했다. 대학에서는 교직원과 학생의 건강을 관리하는 센터와 시뮬레이터를 이용해 간호대학 학생들의 실습을 실시하는 센터에서 번갈아 근무하며 변화된 환경에 적응하고자 노력했다.

군대에서는 남자가 많고 역동적인 환경이었기에 체력 관리를 하느라 운동을 꾸준히 했다(장교일 때는 3km를 20분 안에 뛸 수 있었다). 이번에는 대부분 여자이고 매우 조용하고 굳이 힘들게 체력을 관리하는 것도 이상한 환경이어서 처음에는 이렇게 계속 살 수 있을까 싶었는데, 역시 2년마다 이사를 다니지 않아도 되는 안정적인 환경에 금방 적응이 되었다.

전혀 IT에 대한 소양이 없던 나로서는 빅데이터를 공부한다는 것에 대한 두려움이 당연히 컸다. 하지만 김진호 교수는 내가 국방

대학원에서 썼던 석사논문인 「건강 증진 행위의 다차원적 구조에 관한 연구」를 높이 평가해주었다. 빅데이터에서 의료 서비스 분야가 차지하는 커다란 비중을 고려할 때, 의학 전문지식과 경험이 있는 내가 빅데이터를 제대로 공부한다면 매우 차별적인 경쟁력이 될 것이라며 격려해주었다. 특히 의학과 데이터 분석의 이질적인 영역에서 양쪽의 용어와 논리를 이해하고 적용할 수 있는 전문가가 드물다는 이유였다. 마침내 용기를 내어 간호사로서는 최초로 어시스트 빅데이터MBA학과에 입학해 1년 반의 과정을 무사히 마치고 졸업했다.

지금에 와서 생각해보면 오히려 다양한 분야의 경험을 가진 사람들이 빅데이터 분석에 필요하다는 데 전적으로 동의한다. 실제 빅데이터 분석 툴을 이용하는 데 IT적 소양이 있는 사람이 강점이 있지만, 나에게 있는 강점을 살려서 분석에 도움을 줄 수 있는 부분도 많았다. 빅데이터는 데이터가 엄청나게 많아서 그 데이터를 여러 각도로 분석해서 쓸모 있는 결과로 도출해야 하는 데 누구는 어떤 방식으로 분석할지 아이디어를 내고, 누구는 필요한 분석 툴을 선택해서 이용할 줄 알고, 누구는 도출된 결과를 실제 상황에 맞춰 결론을 낼 줄 알더라는 것이다. 내 강점을 파악해 강화하면 더 나은 결과를 도출하는 데 팀에 중요한 기여를 할 수 있다.

간호사의 효시이자 가장 존경받는 간호사인 나이팅게일도 크림전쟁 당시 로즈다이어그램Rose Diagram을 활용한 통계를 제시해 야전 병원에서 병사들의 사망률을 줄일 수 있었다. 세상을 조금이라도 좋은 방식으로 바꾸기 위해서 데이터를 활용하는 것은 크림전쟁

때에도, 지금도, 앞으로도 필수라고 생각한다. 어시스트 빅데이터 MBA학과를 졸업하고 이제 아이디어가 떠오를 때 어떻게 연구해야 하는지 그 방법을 잘 알았기에 내 미래가 기대된다.

"경쟁 우위가 없다면, 경쟁하지 마라."

• 잭 웰치Jack Welch(전 GE 회장)

제7장

경쟁력을 키우는 데이터 사이언티스트

내가 지키고자 하는 신념은 무엇인가?

김광수(에스더포뮬러 마케팅 팀장)

나는 공부하는 것을 좋아하지는 않았지만, 책을 읽는 것은 좋아했던 유년기를 보냈다. 시험이 다가오면 일주일 정도 바짝 공부해 성적을 받았고 다시 시간이 생기면 책을 읽었다. 이문열의 『삼국지』를 중학교 입학 전에 20번 정도 읽었던 것 같다. 독서량은 많았지만 공부는 거의 하지 않았고 친구들과 어울리며 학업에는 더욱 소홀하게 되었다. 당연히 수능시험에서 언어영역을 제외하고 전 과목 4~5등급을 받았고, 지원했던 대학들은 모두 낙방했다.

한동안 방황하다가 공부를 제대로 해봐야겠다는 생각이 들어 중학교 1학년부터 고등학교 3학년까지 언어를 제외한 수학, 영어, 사회탐구 과목의 모든 교과서를 구매해 10번을 읽었다. 영어는 모든 교과서를 20번씩 소리내어 읽었다. 돌이켜 생각하면 그때는 반

미친 상태에서 공부했던 것 같다. 나는 '교과서를 보고 공부했다'는 수능 고득점자들의 인터뷰를 정말로 믿는다. 나도 그렇게 교과서를 씹어 먹으며 공부한 후 치른 첫 모의고사에서 중상위권 성적을 받았기 때문이다.

이후 1년 동안 하루 15~17시간 공부하며 수학은 2만 문제 가량, 영어는 1만 5,000문제 가량을 풀었고, 사회탐구 과목은 각 교과서 10회독과 문제집 20여 권을 풀었다. 화장실 가는 시간을 조절하기 위해 공부시간 중에 물은 한 컵 정도만 마셨고 밥도 모두 20분 안에 해결했다. 다행히 유년 시절 쌓아두었던 독서량 덕분에 언어영역 공부는 거의 하지 않아도 되었다. 그렇게 치른 2007년 수능에서 130점 정도 성적을 올리고 고려대학교 인문학부에 진학할 수 있었다. 이 시기의 경험이 나중에 선형대수, 미적분, 파이선, 머신러닝 등을 독학할 수 있는 밑거름이 되었다. 내가 하고 싶은 것을 '선택'하고 '집중'하면 타고난 머리와 기질, 환경은 어느 정도 극복할 수 있다는 확신을 갖게 되었다.

대학에 들어오고 나니 주변에 스마트한 친구가 너무나 많았다. 대학에 늦게 들어갔기에 한 학번 선배들은 대부분 동생이었다. 그렇지만 그 친구들에게서 순간순간 어떤 탁월함을 발견했다. 그 친구들이 외고나 특목고 등에서 엘리트 코스를 밟아오며 단련해온 지적 근육에 큰 충격을 받았던 것 같다. 그들과 어울리며 함께 이야기를 나누는 것이 너무나 즐거웠다. 나는 사회학과를 전공했는데 동기를 따라 갔던 첫 학회의 주제가 민족주의였다. 국가와 민족은 가상의 개념이고 실존하지 않는다는 선배의 발제에 반감이 들어 밤새

막걸리를 마시면서 논쟁을 했던 기억이 있다. 군 입대 전까지 학회에 출석하고, 학생회 간부를 맡아 사람과 어울리며 똑똑한 친구들을 통해 배우는 것을 가장 큰 목적으로 삼았다.

군 전역 이후에는 취업 준비를 하면서 다시 도서관을 출입했다. 나는 당시 스스로 세우고 있는 신념이 없다는 점, 그리고 신념을 세우더라도 그것을 위해 얼마만큼을 포기할 수 있는지에 대해서 고민했다. 그래서 먼저 경험을 쌓고 신념을 세우기 위해 취업을 결심했다.

첫 직장은 백화점이었다. 이 시기에 처음 엑셀을 접했고 데이터 분석을 위한 도구로 파이선이란 것이 있다는 것을 알게 되었다. 가장 크게 가졌던 의문은 '과연 YOY(전년동기대비 증가율)로 매출을 맞춰나가는 것이 가능한가?'였다. '2019년 1월 29일 매출 1억 원'이란 매출 데이터 안에는 그 숫자가 나오기까지의 모든 히스토리가 배제되어 있고 스냅샷으로만 존재한다. 그렇다면 이 숫자에 매몰되어 '전년비를 맞춰야 한다!'고 외치는 대표의 목소리가 공허하다고 생각했다. 이런 의문을 해소하기 위해 엑셀을 다루고 VBAVisual Basic for Application를 들여다보고, 파이선까지 배우게 되었다.

두 번째 직장은 디지털 마케팅 에이전시였다. 독학과 패스트캠퍼스 수업을 병행하면서 포트폴리오를 만들어서 데이터 사이언스 직무로 이직을 할 수 있었다. 다만 문과 출신과 직장 경험 때문에 마케팅과 데이터 관련 업무를 겸직해야 했다. 이때부터 하루 최소 2시간, 많게는 4시간 가량의 공부시간을 확보하려고 노력했다. 직장인이 퇴근 이후에 공부시간을 확보한다는 것은 참으로 어려운 일이다. 하지만 나는 이때에도 하루 최소 2시간은 공부를 하고 자는 것을 원칙으로 삼았다.

에이전시에서는 고마운 분들을 통해 좋은 경험을 할 수 있었다. 디지털 마케팅에서는 '성과 측정'이 가장 큰 이슈다. 각 광고 매체의 성과를 측정하는 데 히든 마르코프 모델Hidden Markov Model을 활용한 측정 모델의 개발, 테스트, 적용 과정에 참여할 수 있었다. 태블로Tableau와 데이터 스튜디오Data Studio, 엑셀 파워쿼리Power Query 등의 분석 관련 솔루션도 경험할 수 있었다. 다만 '마케터의 길을 계속 갈 것인가?'라는 물음과 '내가 지키고자 하는 신념은 무엇인가?'라는 물음은 지속되었다. 결국 디지털 마케팅 에이전시 생활을 끝내고 에스더포뮬러로 이직하면서 어시스트 빅데이터MBA학과에 진학하기로 결정했다.

사실 나는 데이터 사이언티스트에게 필요한 많은 것을 독학했다. 선형대수와 통계는 유튜브에 공개되어 있는 한양대학교 OCW를 통해 공부하고, 칸 아카데미를 통해 미적분 과정을 공부했다. 파이선 기초는 점프 투 파이선과 코세라Coursera, 유튜브 소스로, 머신러닝은 코세라에서 머신러닝과 딥러닝 과정을 수강했다. 이후 유튜브로 스탠퍼드 CNN 과정인 CS231n을 보고, 필요할 때마다 카이스트 OCW의 머신러닝 과정도 참고했다. 그런데 내가 어시스트 빅데이터MBA학과에서 공부하기로 결정한 이유가 있다.

첫째, 내가 지키고자 하는 신념은 '더 많은 사람을 행복하게 하는 것'이다. 직장 생활을 통해 얻게 된 신념인데, 좋은 제품과 서비스를 통해 더 많은 사람을 행복하게 하는 것이다. 그러기 위해서는 좀더 체계적으로 데이터 속에서 좋은 제품과 서비스에 대한 인사이트를 추출할 줄 알아야 한다.

둘째, 데이터에 기반한 정확한 문제 해결 능력을 길러야 한다. 현재의 데이터 과학은 CRM의 성격이 강하다고 생각한다. 구글과 페이스북 같은 광고 매체를 제외하면, 추천과 분류 서비스는 이미 유입된 고객들의 행동 패턴을 분석해 결과를 내기 때문이다. 하지만 마케팅 활동은 외부의 '모르는 고객'을 대상으로 1차 접촉을 해야 하기 때문에 CRM적인 성격과 배치되는 부분이 있다. 좀더 체계적인 공부로 이 부분을 해결해 유저들에게 더 좋은 제품과 서비스를 제공하고 싶었다.

셋째, 주말에만 수업이 가능했다. 좋은 제품과 서비스를 유저와 매칭시키고자 하는데, 비즈니스 현장에서 멀어지는 것은 어불성설이다. 그 때문에 직장을 그만두지 않고 교육을 받을 수 있는 학교를 선택했다. 물론 실무에서 두각을 나타내는 분들로 구성된 교수진과 한 학기를 들여 진행하는 개인 프로젝트 실습 또한 나의 니즈에 부합하는 커리큘럼이었다.

내 책장에 파이선, 머신러닝, SQL, 통계학 책들이 마케팅, 경영, 광고 서적들과 비슷한 비중으로 꽂혀 있다. 내 목표는 마케팅에 데이터를 적절하게 접목해 회사를 국내 최고의 건강기능식품 전문 브랜드를 키우는 것이고, 나아가 'Total Life Care Company'로 만드는 것이다.

그리고 5년 후에는 '에스더포뮬러를 만든 김광수'로서 나의 신념에 한 발 더 다가갈 수 있지 않을까 기대한다. 언젠가는 내 제품과 서비스로 내 신념을 구체화하는 길에 어시스트 빅데이터MBA학과가 커다란 자산이 될 것이라고 확신한다.

In My Personal Note

수학, 통계, 기계학습, 딥러닝 등에 대한 김광수 팀장의 독학은 체계적이고 수준도 높다. 특히 코세라에서 매우 유명한 앤드루 응Andrew Ng 교수의 기계학습과 5개 과정으로 이루어진 딥러닝 스페셜라이제이션specialization을 제대로 수강했으니 말할 필요도 없다. 김광수 팀장은 파이선과 기계학습 과목에서 보충수업을 담당하며 동기들과 호흡을 같이하고 있다. 앞으로 우리는 김광수 팀장의 신념이 조금씩 구체화되는 것을 확인하면서 함께 기뻐할 것이다.

맘데이터와 빅데이터의 만남

장원석(한국빅데이터교육원)

전형적인 문과생으로 살아오면서, 이것저것 다양하게 경험해보고 하고 싶은 것을 하면서 살았다. 대학교 1학년 여름방학을 마치고 체코에 가서 조연출로 영화 2편을 만들어보기도 했다. 이 영화가 한국뿐만 아니라 네덜란드, 체코, 미국 등지에서 상을 타며 자연스럽게 해외 진출을 꿈꾸는 계기가 되었다. 2학년 때는 음악에 빠져 이름만 대면 알 만한 래퍼의 문하생으로 들어가 연습하기도 했다. 3학년 때는 미래를 대비해야 한다는 생각에 아나운서를 야심차게 준비한 후 첫 응시에서 3차 면접까지 갔지만, 다른 길을 모색했다. 4학년 때는 아나운서를 준비할 때에 공부한 논술과 시사상식이 아까워서 EBS PD에 응시해 최종 면접까지 갔지만 역시나 탈락했다. 4학년 2학기 때 취업 준비를 하다가 우연히 우리나라 톱3 광고회사에 들어가게 되었다.

광고회사 재직 시절, 수많은 기획 회의와 전략을 고민하지만 정작 우리가 클라이언트에게 내놓는 것은 우리 조직에서 잘 나가는 사람의 생각이었다. 그것이 채택되면 축하하며 좋아했고, 채택되지 않으면 위로하는 나날들을 보냈다. 그러던 중, 기획서를 쓰기 위해 설문조사를 하게 되었다. 상품에 대한 선호도 조사였는데, 10명 남짓에게 물어보고 나서는, 임의대로 우리의 전략에 맞게 설문조사 인원을 400명으로 부풀리는 선배의 자연스런 행동을 보면서 이해가 되지 않았다.

어차피 클라이언트도 자세히 보지 않는다며 핑계 아닌 핑계를 대는 선배의 말에, 클라이언트도 역시 똑같은 사람들이구나 하고 놀랐다. 이때부터 데이터의 중요성에 대해 생각해보고, 오히려 그것이 조금 더 다른 무기가 되어 차별 포인트를 만들어줄 거란 생각을 했다. 그래서 빅데이터를 체계적으로 공부하고자 인터넷과 오프라인 모두 찾아다니면서 정보를 얻었다. 그 결과, 내가 원하는 커리큘럼, 즉 현장 중심의 빅데이터 이해와 기술이 함께 존재하는 어시스트 빅데이터MBA학과를 선택했다.

광고회사 퇴직 후 바로 공중파 방송에 입사해 마케팅 업무를 맡았다. 얼마 지나지 않아 사내에 빅데이터TF팀이 만들어졌고, 나는 빅데이터를 공부하고 있다는 이유로 TF팀으로 발령받았다. 내 업무는 회사 내부 데이터와 외부 리서치 회사와 함께 선거 당선 예상, 당선 확정 등의 스코어를 정확하면서 빨리 발표할 수 있는 시스템을 만드는 것이었다. 하지만 내부적인 정치 싸움으로 TF팀은 두 달

만에 없어졌다. 그 두 달 동안 회사와 리서치 회사의 데이터를 본 순간, 지금까지 본 적 없는 크기와 양에 놀라지 않을 수 없었다. 그렇지만 회사는 엄청난 자산인 그것들을 그냥 방치했고, 나 혼자서 데이터의 중요성을 외쳐댔지만 아무도 들어주는 이는 없었다.

어릴 때부터 스포츠를 좋아해서 선수와 팀, 기록 등을 모두 알고 있었다. 축구, 농구, 야구 등 미국과 한국의 뉴스들은 계속해서 읽어나가며 관련 지식을 넓히고 쌓았다. 그러던 중, 영화 〈머니볼〉을 보게 되면서 내가 좋아하는 스포츠와 데이터가 만나 새로운 방식의 전략이 탄생하는 것을 보고 자연스럽게 끌리게 되었다. 이리저리 정보를 찾던 중 미국 보스턴에서 열리는 MIT 슬론 스포츠 애널리틱스 컨퍼런스Sloan Sports Analytics Conference를 알게 되었다. 이 컨퍼런스는 머니볼의 주인공인 빌리 빈Billy Beane과 그의 MIT 동료 3명이 함께 시작한 아주 작은 소모임에서 출발해 지금은 매년 약 4,000명이 참가하는 아주 큰 컨퍼런스다. 거의 모든 종목의 스포츠에서 다양한 이슈에 대해 데이터 분석적으로 접근한 결과를 발표하는 자리다.

나는 컨퍼런스에 바로 등록했고, 하나라도 더 가까이 보고 배우고 싶어서 VIP 패스Pass를 구입했다. 전 세계의 유명한 스포츠 구단의 관계자들과 스포츠 산업 종사자, 미디어, 대학(원)생들까지 다양한 국가의 다양한 사람이 모였다. 아시아에서는 중국이 약 50명, 일본이 약 20명 참여했지만, 한국 국적의 사람은 나 혼자였다. 나는 아직 우리나라의 스포츠는 데이터와 거리가 있구나 생각했다. 컨퍼런스에서 만난 사람들과 스포츠와 데이터를 접목시켜 새로운 시각으로 바라보는 현재의 흐름을 몸소 느끼고 배웠다. 왜 바르셀로나가 소위 말하는 티키타카(짧은 패스)로 전술을 변경했는지, 그것으로 인해 가장 적합한 선수의 유형은 어떻게 바뀌었는지, 그래서 그들을 어떻게 키워내고 영입해야 하는지 등의 강의 세션들은 나의 가슴을 뛰게 했다.

아직은 하고 싶은 게 많고, 무엇을 할지 정하지 않았지만, 앞으로 데이터와 함께할 것이라는 것은 변함이 없다. 어릴 때부터 나는 원래 나의 경험과 직관만을 믿는 단순한 사람이었다. 음식도 먹은 것만 먹고, 길도 가는 길만 가는 그런 정해진 사람이었다. 나는 이것을 '맘데이터(내 마음의 데이터를 활용해 결정을 내리는 것)'라고 부른다. 하지만 이제 이 맘데이터를 떠나 빅데이터의 세계에 발을 들여 놓았다. 향후 사람들의 '맘데이터'를 분석해 빅데이터를 활용한 마케팅 전략이나 인사이트를 찾고 싶은 바람이 있다.

내가 선택한 길을 통해 새로운 미래를 꿈꾸며

다니엘 김(H보험)

나는 별다른 직업관 없이 그냥 열심히 공부하면 되겠거니 하고 학교 생활을 했다. 고등학교에서 대한민국의 눈부신 발전과 함께 기술직의 일자리가 많고 대우받던 시기였기에 이과를 선택했다. 대학은 경희대학교 전자공학과에 입학했다. 그때까지만 해도 나의 적성은 공학도라고 생각했다. 하지만 그 믿음은 1학기도 지나지 않아 무너졌다. 전공 책을 보기가 싫은 것이었다. 그때라도 문과로 전환을 했으면 좋으련만, 나는 변화를 선택하기보다 현실에 순응하며 학업을 이어갔다.

전공 책을 보는 시간보다 연극동아리에서 희곡을 읽는 시간이 더 많았다. 시간이 흘러 취업을 준비해야 하는 시기가 왔다. 전자공학과를 졸업했으니 반도체 회사를 갔어야 하는데, 반도체에 대해서는 아는 것도 없고 하기도 싫었다. 여기저기 취업할 곳을 알아보던 중, 공부 잘하는 학과 친구가 보험회사 전산직에 지원하자고 해서 아무 생각 없이 따라서 응시를 했고 최종합격을 하게 되었다.

전산 부서로 가서 OJT를 받으며 또 다시 느꼈다. '나의 적성은 이과가 아니구나!' OJT가 끝나고 담당 전산담당임원CIO의 면담이 있었다. 어떤 일을 하고 싶냐는 질문에 함께 입사한 동기들은 패기 있게 '시켜주시는 일은 뭐든 다하겠습니다'라고 대답했고, 개발에 자신 없던 나는 '전산 개발보다는 기획팀에서 일하고 싶습니다'라고 당당하게 대답했다. 그리고 운이 좋게도 그때부터 현재까지 IT 기획팀에서 일을 해오고 있다. IT 부서의 인력, 조직, 예산, 구매, 단기 · 중기 · 장기 계획을 세우는 일을 해왔고, 나름 기획부서에서 인정받으면서 남보다는 빠른 진급을 해왔다.

기획 업무의 큰 틀은 현재의 상황을 분석해 개선 방안을 도출하고, 이행 계획을 수립하는 것이라고 생각한다. 그중에서 가장 중요한 단계는 현재 상황을 분석하고 파악하는 것이다. 하지만 나의 분석 역량은 단순히 엑셀을 통한 기초적인 통계에 그쳤다. '좀더 면밀한 분석을 통해 근본적인 원인을 찾아낼 수 있다면, 의미 있고 가치 있는 개선을 할 수 있을 텐데' 하는 갈증을 느꼈다. 마침 회사에서는 제4차 산업혁명이라는 화두에 맞춰 관련 외부 강사들을 초청해 강연을 듣었는데, 이때 김진호 교수를 처음 만났다. '빅데이터와 보험산업의 기회'라는 강연은 에너지가 넘쳤다. 강의 내내 그동안의 갈증을 해소할 수 있는 학문이라는 생각과 향후 데이터 분석과 관련된 일을 해야겠다고 결심했다. 그래서 바로 어시스트 빅데이터

MBA학과에 입학했다.

2017년 8월, 빅데이터와 관련 없는 IT거버넌스 업무로 계열사에 파견되었다. 잠시 학업을 중단할까 고민했으나, 빅데이터를 할 운명인지 파견 부서의 업무가 데이터 분석 관련 업무로 전환되면서 일과 학업을 병행할 수 있는 아주 좋은 여건이 조성되었다. 그 부서의 과제였던 'Investor&Company 네트워크를 활용한 투자 예측'을 발전시켜 석사논문을 쓰고 무사히 졸업했다. 20년 만에 다시 하는 공부라 처음에는 정신적으로 육체적으로 힘든 부분이 많이 있었다. 하지만 지금 생각해보면 배우는 재미와 항상 시대의 흐름에 편승해오던 나의 인생에서 내가 선택한 길을 가고 그 길을 통해 새로운 미래를 꿈꾼다는 행복이 더 컸다

어시스트 빅데이터MBA학과의 장점은 한마디로 '전문성과 변화'이며, 데이터 사이언티스트 양성에 모든 커리큘럼이 맞춰진 교육과정을 갖추고 있다. 단순히 보여주기 위한 학위 정도로 생각하고 온다면 많은 어려움을 겪을 수 있다. 또한 빅데이터라는 학문 자체가 급격하게 발전하고 있다. 그에 따라 교육 과정도 변화의 흐름에 맞춰 지속적으로 개선되고 있다. 단순 학위 취득이 아닌 실질적인 분석 역량 강화를 위해 지속적으로 교수님들과 원생들이 소통을 통해 교육 과정을 업그레이드하고 있다.

내 나이를 고려하면, IT 회사가 아닌 이상 IT 직원이 현업으로 부서를 옮기기에는 어려운 나이다. 하지만 지금 상황에서는 불과 2년 전에는 생각하지 못했던 많은 선택지가 앞에 놓여 있다. 많은 부서에서 데이터 분석 인력을 필요로 하기 때문이다. 현 직장에서 나에

게 주어진 시간은 길어야 앞으로 약 10년이다. 회사 내에서 빅데이터 관련 실무를 5년 정도 할 생각이다. 그리고 보통의 대기업 직장인들이 명퇴나 임금피크제를 고민하는 시기에 새로운 도전을 해보려고 한다.

그러기 위해서 함께 공부한 동기들과 지속적으로 공부하고 데이터 분석 트렌드와 창업 관련 정보를 공유하면서, 미래의 계획을 구체화해나가는 시간을 갖고 있다. 인생 100세 시대다. 지금까지 살아온 약 50년은 시대의 흐름에 맞춰 정해진 삶을 살았다면, 향후 50년은 내가 선택한 데이터 사이언티스트로 제2의 인생을 살아보려고 한다.

새로운 커리어에 대한 도전

김태유(삼정KPMG)

어릴 적부터 컴퓨터를 너무너무 좋아하는 아이로 자라났다. 꾸준히 하드웨어, 소프트웨어, 운영체제 등 인터넷을 검색해가면서 스스로 터득하고 중학교 시절을 보냈다. 고등학교 시절엔 미국 국무성 주최 교환학생 프로그램에 장학생으로 발탁되어 1년간 미국 아이오와주로 가게 되었다. 미국에서는 친구들이 아직 한국의 중학교 수준에도 못 미치는 수학을 하고 있었기에 교내에서 수학 1등, 컴퓨터 천재 소리를 들으며 재미있는 교환학생 생활을 했다. 한국에서 문과와 이과를 나누는 것과는 달리 미국 고등학교는 원하는 클래스를 골라 듣는 방식으로 운영된다. 완전 문송인 나였지만 어떻게 하다 보니 물리학, 미적분, 해부학, 경영학, 영문학 등을 골고루 배울 수 있었다. 이러한 경험이 훗날 어시스트에서 빅데이터 공부에 확실히 도움이 되었다.

교환학생 기간이 끝난 후 오랜 고민 끝에 대학도 미국에서 다니기로 마음먹었다. 미국 중부에 있는 주립대학에 입학하고 경영학과에서 회계를 전공하고 기술관리를 복수 전공했다. 회계는 현지 취업이 수월하다는 장점 때문에, 기술관리는 컴퓨터에 대한 열정이 여전히 식지 않아 선택했다. 한국에서 취직은 공채를 기본으로 하지만, 미국에서는 클럽활동에서 기업 HR 담당자와 실무진의 네트워킹 시간이 주어진다. 교과과정을 열심히 따라가며 주중에 이어지는 네트워킹 세션 참석에도 열을 올리며 참여했다.

그러던 중 글로벌 4대 회계법인에서 인터뷰 기회를 얻었다. 모두 면접을 보았고 마침내 4학년 1학기에 KPMG의 뉴욕 사무실에서 입사를 요청받았다. 입사한 후, 회계 감사인으로서 미국 상장사와 한국 기업의 미국 자회사들을 회계 감사하는 업무를 수행했다. 2년 후에는 이전가격transfer pricing이라는 아주 흥미로운 국제조세 분야로 옮겼고, 지금은 한국멤버회사인 삼정KPMG에서 이전가격 전문가로 일하고 있다.

내가 감사인으로 활동할 때 전표 적발 감사를 수행한 적이 있었는데, 특히 은행권과 대규모 자이언트 기업들의 전표는 최소 1,000만 건이 훌쩍 넘었다. 그 전표를 통해 기업들이 저지를 수 있는 부정행위를 감사하는 것도 업무에 들어 있었는데, 당시 케이스웨어Caseware라는 회사에서 만든 전표 감사 솔루션을 사용해 업무를 수행한 적이 있었다. 이때 이런 다량의 데이터를 보고 부정행위를 파악 · 분석하는 일에 흥미를 느꼈다. 또한 현재 몸담고 있는 이전가격 분야에서는 많은 돈을 들여 외부 공인 데이터베이스를 구독하고 있다. 고객사와 가장 유사한 비교 대상 회사를 찾아 세무조사를 대비해주는 국제조세 컨설팅 업무를 수행하기 위해서다. 이런 업무를 수행하면서 매번 반복되는 비교 대상 회사 찾기 업무를 자동화하면 좋겠다고 생각했다. 그래서 파이선과 머신러닝 등을 조금씩 공부하면서 더욱 빅데이터에 흥미를 갖게 되었다.

결정적으로는 제4차 산업혁명 시대가 무엇인지, 세상이 어떻게 바뀌어가는지에 대한 호기심에 도서관에서 관련 서적을 최소 20권 정도 정독하며 공통점을 파악했다. 바로 인공지능과 기계학습 등은 데이터를 다량으로 먹고 진화하고 발전한다는 것이었다. 그렇다면 그 데이터를 어디서 구하고 어떻게 적용시키는지, 관련된 직업은 무엇인지 등을 검색하고 조사해보던 중 데이터 사이언티스트라는 직업을 알게 되었다. 이미 미국에서는 많은 데이터 사이언티스트가 글로벌 IT 기업들이 몰려 있는 실리콘밸리에서 활동하고 있다. 이러한 사실이 내게도 새로운 도전으로 다가왔다. 반드시 제대로 공부해보고 싶다는 열정에 국내 관련 학교를 검색하고 커리큘럼을 아주 꼼꼼히 비교했다. 그렇게 해서 어시스트 빅데이터MBA학과에 입학하게 되었다.

나는 공부하면서 정말 훌륭한 학우들이 모인 다양한 과정이라고 느꼈다. 특히 가장 마음에 드는 것은 강력한 커리큘럼이었다. 문송도 데이터 과학에 꼭 필요한 수학과 다시 손잡을 수 있게 해주는 수학 리뷰부터 시작해 기초 통계학과 다변량 통계, 빅데이터 분석 방법론, 데이터 엔지니어들의 기본 언어인 SQL, 실제 분석에 쓰이는 R과 파이선을 전공 첫 학기에 배울 수 있었다.

이번 학기는 전공심화 과정으로 데이터 마이닝, 딥러닝, 개인 추천 모델 실습, SNS 분석, 사물인터넷, 종합실습 과목인 빅데이터 플랫폼 설계 · 구축 · 운용이 운영된다. 또한 여름에 진행되는 스위스 로잔경영대학의 빅데이터 부트 캠프BigData Boot Camp도 글로벌 기업에서 실제 데이터를 분석하며, 스스로 노력한 이상을 얻어갈 수 있는 곳이라고 생각한다. 졸업 후 나는 데이터 분석 분야로 뛰어들어갈 것이다. 새로운 글로벌 수준의 최고 데이터 사이언티스트를 향한 나의 도전은 이미 힘차게 시작되었다.

데이터와 분석 역량으로 무장한 MD

강윤정(11번가 커머스센터)

나는 반장을 12년 동안 하고 오락실도 한 번 안 가고 학교, 독서실, 집이 인생의 전부인 모범생이었다. 고교 시절엔 물리학자 김정흠 박사와 퀴리 부인을 롤 모델로 삼았던, 인형보다 로봇을 좋아했던 꺽다리 여학생이었다. 대학에서는 수학을 전공하고, 경영학을 부전공했다. 대학교 1학년 때는 테니스만 쳐서 굵어진 장딴지에 추리닝을 입고 학교를 다녔다. 2학년 때부터는 러블리 블라우스와 치마에 메이크업한 예쁜 얼굴로 연애 한창인 동기생들과 다르게 자막 없이 영어 뉴스를 듣느라 귀에 딱지 앉게 이어폰을 끼고 다녔다. 그리고 내가 영문학과 수업을 너무 많이 수강해서 영문과 학생인 줄 알았다고 한다.

나는 아르바이트로 열심히 돈을 모아 미국으로 여행을 갔다가 우연히 월마트라는 미국의 대형 유통업체를 보고 한국에도 미래에 이런 대형 유통몰이 들어오거나 만들어지면 라이프 패턴이 바뀔 것이라고 직감했다. 그렇게 해서 꿈에도 생각해본 적 없는 대형몰 유통에서 직장 생활을 시작했다.

그 후 홈플러스에서 10여 년을 바이어로 소비자들에게 필요한 상품을 소싱하거나 기획해 만들고, 제조사·브랜드사와 협업해서 신상품을 홍보하고 베스트셀러를 만들었다. 국내 제조사나 유통시장을 돌거나 때로는 해외 시장을 돌면서, 한국의 소비자가 좋아할 상품을 고르고 수입해 판매하고, 판매 활성화를 위해 행사를 진행하고, 매입한 재고를 관리·소진하는 역할을 했다. 그러다가 영국에 있는 세계적인 유통기업 테스코Tesco로 출장 가서 보고 듣게 된 것이 e-커머스였다.

e-커머스는 우유와 채소부터 세제와 같은 주요 마트 상품을 온라인으로 주문하고 배송하는 신유통이었다. 아마존은 온라인 서점이라고만 어렴풋이 알고 있었던 나에게 바로 e-커머스는 유통의 미래라는 생각이 번쩍 들었다. 그때 운명처럼 11번가에서 '온라인 상품팀장' 오퍼가 들어와 e-커머스 부문을 맡게 되었다.

온라인 유통에서는 7~8년을 상품 기획자MD로 플랫폼에 판매자가 올려놓은 상품에서 육성할 상품을 선별하고 매력적으로 보이도록 상품 페이지page를 제작하거나 가격을 정비하고 행사를 기획하는 일을 했다. e-커머스는 가파르게 성장했다. 내가 맡은 온라인 상품팀도 한 달에 몇 억 원에서 몇 백억 원으로 매출액이 늘어나면서 상품 데이터와 고객 데이터가 쌓여갔다. 페이지 뷰Page View, PV, 순

방문자 수Unique Visitor, UV, 구매 주기turn over rate 등의 숫자를 보고, 어떤 상품을 어떻게 노출하느냐에 따라 매출이 달라지고, 설득을 해야 입점하던 브랜드 본사들이 앞다퉈 찾아왔다.

하지만 끝날 것 같지 않았던 성장이 경쟁사가 많아지면서 가팔랐던 성장 곡선이 완만해졌다. 빨간불이 켜진 것이다. e-커머스에선 고객 재방문을 이끌어내고, CRM을 하고, 마케팅을 하는 것이 오프라인 매장과는 사뭇 달랐다. e-커머스에서 효과적인 방법을 찾기 위해 숫자들을 뒤져보기 시작했다. 정제되지 않은 채 넘쳐나는 날것 그대로의 데이터들을 제대로 활용해보고자 하는 욕구가 커졌다. 그래, 제대로 한번 배워보자. 데이터 분석을 배우기 위해서는 무엇보다 학교를 잘 선택하자!

검색 또 검색하다가 어시스트 빅데이터MBA학과를 알게 되었다. 다소 생소한 커리큘럼이라서 6개월을 고민하다가 원서를 냈고 다행히 합격했다. 하지만 온라인 상품팀장이 수업(금요일 저녁과 토요일 8시간)에 꼬박꼬박 참여할 수 없다는 것을 뼈저리게 실감했다. 인공지능보다는 주말・연휴 상품 소싱을 중요하게 여기는 회사 분위기라서 저녁 6시만 되면 소집되는 회의와 주말에 갑자기 연락이 오는 등 수업에 참석하지 못하는 경우가 다반사였다. 그렇게 악전고투 끝에 1년 반의 과정을 2년 만에 겨우 마치고 논문도 써서 졸업했다.

대기업의 자회사 특성인지 모르겠지만, 거의 2년마다 대표가 바뀌었다. 대표가 바뀌고, 회사의 방향성이 바뀌니 조직이 바뀌었고 e-커머스를 보는 시각이 달라지고, 각 직군에 대한 의미와 해석도 달라졌다. 사실 최근까지도 히트 상품・베스트셀러는 판매 이력과 상품 · 셀러(제조사 · 판매사)의 평판에 상품 기획자 개인의 '감'과 '경험'이 더해져서 만들어지는 것이다. 이는 마켓의 특성, 고객 니즈의 변화, 고객 유입 가감, 상품 주기, 경쟁사의 변동성 등 생물인 양 살아 움직이는 듯한 유통을 만드는 요소가 변동적이 아니라 어느 정도 고정적이라는 전제를 바탕으로 했다.

오프라인이든 온라인이든, 어떤 상품을 어떤 셀러와 어떻게 판매가 잘 되도록 만드느냐 하는 것이 상품 기획자의 책임이자 권한이었다. 자부심도 높고 사실 누구도 쉽게 넘볼 수 없는 직군이었다. 셀러들은 상품 기획자의 감(능력)에 따라 거래액이 좌지우지될 정도로 의존도가 높았다. 하지만, 언젠가부터 '왜?'라는 질문을 받게 되었다. '왜 이 상품인가요? 왜 이 셀러인가요? PV는요? CVRConversion Rate(구매 전환율)은요? Impression(광고 노출)은요?' 이렇게 공식을 요구하는 듯했다. 내가 아니라 어느 누군가가 오늘부터 상품 기획자를 시작한다고 해도 바로 베스트셀러 상품을 만들 수 있는 마법의 공식 같은 거 말이다.

회사가 바뀌면서, 먼 나라 이야기로만 생각했던 포털의 e-커머스, 상품 기획자 없는 e-커머스가 현실이 될 것이라는 소리가 엔지니어들에게서 흘러나왔다. 이전에는 상품 기획자가 추천하는 상품 코너가 인기였다면, 이제는 고도화된 추천 로직으로 대체되었고, 검색어에 따라 나열식이었던 검색 결과가 각 소비자별로 개인화한 순위가 제공되면서 구매 전환율이 올라가도록 바뀌었다. 쇼핑의 모든 구성 요소가 소비자에 따라 즉각 반응하는, 살아 움직이는 유기체가 되었고 이에 따라 결과도 달라지게 되었다. 이런 시점에서 이제는 단순히 과거 데이터만으로는 소비자의 다음 행동을 예측하기 힘들어졌고, 셀러들에게 어떤 상품을 어떻게 준비하고 어떻게 팔아야 한다는 컨설팅을 해주기도 힘들어질 것 같았다. 소수의 엔지니어들 말대로 상품 기획자 직군이 기계로 대체될 수 있을까?

알파고가 딥러닝과 기계학습 기반의 알고리즘을 만들어 세계적인 바둑 기사를 이겼지만, 상품 기획자의 '감'과 '경험'을 기계가 학습하려면 더 많은 데이터가 쌓여야 하고, 그만큼 많은 시간과 비용이 들 것이다. 그래서 생각했다. 인간 상품 기획자의 감과 경험에 상호보완적인 요소로 데이터 사이언티스트로서 기술을 갖추면 현재 유통이 원하는 e-커머스 상품 기획자가 되지 않을까? 아마존과 거래하는 셀러에게 물어보았더니 미국 아마존 MD는 '데이터로 무장한 컨설턴트'라고 한 말이 생각났다.

회사가 변했고 직군의 역할이 변하고 있는데, 내가 어떻게 해야 할까? 그래서 나는 다시 어시스트 빅데이터MBA학과에 들어와 전공과목을 재수강하고 있다. 3년 전에 빅데이터를 공부하고 석사학위를 받았지만, 새로운 커리큘럼을 보니 놀라웠다. 그동안 많이 발전해 있었던 것이다. 황금 같은 금요일과 토요일에 지각이나 결석 한번 없이 공부하고 있다. 앞으로 데이터와 분석 역량으로 무장한 상품 기획자가 되어 인공지능 상품 기획자를 이기는 자연지능 상품 기획자가 되어 나의 경쟁력을 강화하고 회사에도 기여할 것이다.

대의를 위한 빅데이터

케이티 초이(GE코리아)

어린 시절부터 호기심이 많아 과학을 좋아했고, 시각적으로 나의 생각을 표현할 수 있는 미술을 좋아했다. 무엇이든 스스로 하는 것에 익숙했고, 누군가에게 의지하려고 하지 않았다. 내가 잘못하지 않은 일에 절대 '잘못했다'고 말하지 않았고, 종종 학교에서 일어나는 논리적으로 이해할 수 없는 억지스런 상황이 답답했다. 중학교 시절, 막연히 외국에 가면 좀더 자유로운 학창 시절을 보낼 수 있을 것 같아 부모님께 미국에 가서 공부하고 싶다고 말했다.

당시 미국에 거주하는 외가 친척이 있어 남동생과 함께 미국으로 건너가 고등학교에 진학했다. 미국 고등학교 생활은 기대와는 많이 달랐고(미국에서 학생이 할 수 있는 나쁜 짓은 한국과는 수준 자체가 다르기 때문에 한국보다 규정이 엄격하다), 언어 적응과 문화 차이를 극복하는 것도 쉽지만은 않았다. 그래도 미국 교사들은 학생들의 개성을 존중해주고 잘하는 부분은 더 잘할 수 있게 지원해준다. 학업이든 예체능이든 자신이 재능 있는 분야에 집중하면 되고, 굳이 다른 재능을 가진 옆의 친구와 나를 비교하지 않아도 되는 문화가 좋았다. 그렇게 다시 미국에서 미술을 하게 되었고, 수학과 과학도 나름 잘했다.

미대 전공 3년차에 멀티미디어interrelated media로 전과했다. 멀티미디어 전공은 컴퓨터, 웹, 비디오, 조명, 음악, 퍼포먼스 등 나의 예술 세계를 표현하는 데 필요한 첨단 매체를 자유롭게 사용할 수 있어 좋았다. 수업 시간에는 교수님을 포함해 모두 진지하게 학생들의 작품에 대해 토론하기도 했다. 당시 수업은 '나의 작품이 가진 의도'와 '왜 그 의도를 표현하기 위해 해당 매체를 사용했는지', '내 의도를 더 효과적으로 전달하려면 어떻게 할 수 있을지'에 대해 설명하고 토론하는 시간의 연속이었다. 그렇게 하고 나니 누가 뭔가를 하면, 자연스레 '왜 그렇게 했는지', '어떤 의도로 그렇게 했는지', '지금 그 방식이 그 의도를 잘 전달하고 있는지'를 묻게 된다. 나름 설득력 있게 말하는 방법도 배웠다. 사람들이 궁금해하거나 관심을 줄 만큼, 말로 혹은 매체를 이용해 '스토리텔링'도 할 줄 알게 되었다.

미국에서 대학을 졸업하고 취업을 준비하던 시점에 9·11 사건이 터지고, 영주권이 없는 외국인 학생들의 취업이 어려워졌다. 때마침 부모님도 딸이 시집가기 전에 몇 년이나 같이 살겠냐며 귀국을 권유해서 한국에 들어왔다. '멀티미디어' 전공으로 매체 활용과 스토리텔링은 되니까 마케팅을 할 수 있을 것 같아 외국계 회사에서 영업과 마케팅 담당으로 직장 생활을 시작했다. 해외에 제품 교육도 받으러 가고, 다녀와서는 내부 직원과 외부 고객 대상으로 제품 소개도 하러 다녔다. 그렇게 하다 보니 사람 만나는 게 적성에 맞는 것 같아 아예 홍보·브랜드 마케팅 관련 업무를 할 수 있는 회사로 이직했다. 외국계 기업에서 홍보와 브랜드 마케팅을 10년 넘게 하는 동안 사건도 많았고 성과도 있었지만, 데이터 분석이나 활용에 대해 새로운 시각을 갖는 계기가 되었다.

홍보나 마케팅은 그 활동의 성과를 매체 중요도와 게재된 기사의 크기, 게재 면이나 방송 시간대, 기사의 뉘앙스(긍정, 부정, 중립) 등을 광고 기준 금액으로 환산해 평가한다. 긍정적인 내용의 기사는 광고 효과로 봐서 계산하는 것이 어느 정도 맞는다고 볼 수도 있다. 하지만 부정적인 내용의 기사는 그 파장이 몇 주나 몇 개월까지 갈 수 있고 브랜드 이미지에 치명적일 수 있다. 이를 단순히 금액 기준으로 마이너스로 계산하는 것은 맞지 않는다고 생각했다. 특히 요즘은 온라인 기사가 대부분이라 지면 매체 구독 부수보다 온라인 클릭 수가 더 중요한데, 부정적인 기사는 브랜드나 기업 평판에 치명적일 수 있으므로 여론의 움직임을 실시간으로 살피고 대응할 수 있어야 한다.

회사에 부정적인 사건이 있을 때마다 홍보팀 직원 중 한 명은 SNS를 보고 있고, 한 명은 네이버에서 실시간으로 기사를 검색하고, 한 명은 다음에서 회사 관련 어떤 글들이 올라오는지 검색하는 걸 '실시간' 모니터링이라고 한다. 지금도 이 방식으로 홍보와 브랜드를 관리하는 회사가 적지 않을 것이다.

많은 경우 대기업에서도 시장 전략팀 같은 일부 부서를 제외하고 대부분의 의사결정을 경험이 많은 임원들의 직관에 의존하는 경우가 많다. 그래서 전략은 훌륭했으나 왜인지 실제로는 잘 진행이 안 되거나 폭망하는 프로젝트가 꽤 있다. 의사결정을 한 분들도 누군가가 실시간 시장 변화에 가까운 정확한 데이터 분석 결과를 제공한다면, 그러한 의사결정을 하지 않을 수도 있을 것 같았다.

새로 이직한 회사에서는 임직원의 IT 인프라 관련 고객(내부) 지원 업무를 맡았다. 데이터 분석과 활용에 관심이 높아지는 시점이었는데, 회사에 가보니 나름 정돈된 데이터는 많은데 데이터를 마이닝해서 패턴이나 전체 흐름을 보는 사람은 없는 것 같아 아쉬웠다. 분명히 기동성 좋은 특정 장비와 기술을 사용하고 외근을 많이 하는 사람과 내근으로 무거운 프로그램을 돌려야 하는 엔지니어들과는 IT 장비나 애플리케이션, 기타 기술과 관련해서 발생하는 이슈가 다르고 각기 패턴이 있을 것이다. 그것을 알면 이슈가 발생하기 전 정기 점검 등을 통해 사전에 대처할 수 있고 그것이 직접 비용 절감으로 이어질 텐데 답답했다.

아무도 그런 것을 보려고 하지 않는 듯해서, 나라도 직접 데이터 분석을 배워야겠다고 생각했다. 이리저리 알아보던 시점에 어시스트 빅데이터MBA학과의 입학 설명회에 참석하게 되었다. 내가 해보고 싶고 배우고 싶은 것이 모두 포함되어 있어 3기로 입학했다.

빅데이터 수업을 들으면서 열심히 배우면 내가 알파고를 만들진 못해도, 내가 하려고 하는 데이터 분석 정도는 잘할 수 있겠다고 생각했다. 그러다가 내가 좋아하는 데이터를 갖고 미래에 다른 사람들에게도 도움이 되는 일이 무엇일까 생각하게 되었다. 그때 나에게 큰 영감을 주었던 TED 강연자 중 스웨덴 의사이자 데이터 분석가인 한스 로슬링Hans Rosling이 떠올랐다. 나는 데이터가 인류에게 도움을 줄 수 있는 부분이 분명히 있을 것이라는 확신을 갖게 되었다.

내가 공부하는 데이터 과학이 사회적인, 세계적인, 인류의 변화를 가져오는 '대의명분'을 위해 쓰일 수 있다고 생각하니 감동이 밀려왔다. 그래서 데이터를 공부해서 나도 '큰 의도'에 일부 기여해야겠다고 마음먹게 되었다. 아직은 배우는 중이고 많이 부족하지만 내가 공부하는 데이터 과학은 더 많은 사람을 위해 써야 하는 만큼 열심히 해야겠다고 생각하고 있다.

내가 좋아하는 데이터 분석을 하면서 저개발국가의 빈곤 퇴치에도 도움을 주고, 구호 현장에서 일하는 사람들은 물론 그런 도움을 받는 누군가의 인생을 바꿀 수도 있다면 정말 후회 없는 인생이 될 것이다. 미래에는 국제기구에서 세계의 어려운 이들에게 도움을 주는 데이터 분석을 하고 싶은 것이 나의 작은 바람이다. 또한 한때 디자인을 전공했던 경험을 살려서 데이터를 분석한 결과를 일반인들이 인지할 수 있도록 시각화해서 보여주는 일도 해보고 싶다.

중국으로 간 데이터 사이언티스트

→ 이승일(칭화대학 인공지능 박사과정)

어린 나는 첫눈에 그만 개구리에게 매료되었다. 어머니 손을 잡고 도서관에 가서 고른 어린이 과학책 속에서 본 올챙이가 개구리로 변하는 사진은 나에게 큰 충격을 주었다. 그것은 로봇 만화의 주인공이 최강 로봇으로 변신하는 장면과 같았고, 그 후 나는 봄이면 개구리 알을 찾으러 집 근처 논과 밭을 뒤졌다. 그러면서 자연스럽게 과학자가 나의 꿈이 되었다.

어린 시절 가졌던 과학자라는 명확했던 꿈은 점점 자라면서 드라마와 영화 속의 멋진 기업의 회장과 카리스마 있는 검사 등을 보고 차차 희미해졌다. 그렇게 해서 10대 후반의 나이에는 철없던 어린 시절의 꿈은 아예 사라졌고, 열심히 공부를 하여 소위 '폼 나는 전공(신문방송학과, 경영학과, 철학과 등)'을 선택하고 싶었다. 그렇지만 이과 학생이었던 나로서는 지원이 쉽지 않았다. 그렇다고 대부분의 이공계 전공처럼 명확하게 한 개의 분야를 고르기에는 아직 용기가 없었기에, 가장 넓은 분야를 배우며 명확한 선택을 조금 연기할 수 있는 산업공학을 선택했다.

산업공학은 공과대학의 다른 전공과는 달리 다양한 분야를 넓게 배울 수 있다는 장점이 있다. 그리하여 대학 시절 기술경영, 금융공학, 품질공학, 인간공학, 최적화, 시스템 설계 등 다양한 분야의 과목들을 수강하고, 이를 통해 경영 컨설팅 회사, 물류 회사, 벤처기업 등에서 인턴을 하며 비교적 넓은 분야의 직업을 경험할 수 있었다. 하지만 이런 경험을 하면서 넓은 영역을 배울 수 있다는 전공의 장점이 반대로 이야기하면 한 분야에 대해 깊이 연구할 수 없다는 단점이 될 수 있다는 것도 깨달았다. 그리고 넓은 분야를 모두 섭렵하기에는 내 능력이 부족하다는 것을 느끼고, 한 분야의 전문가가 되기를 바랐다.

한 분야의 전문가가 되기로 목표를 정한 뒤에 어떤 분야에 흥미가 있고, 잘할 수 있는지, 앞으로의 성장 가능성이 얼마나 되는지를 고민했다. 그리고 결정한 것은 '생산관리의 전문가가 되자' 였다. 그렇게 생각한 첫 번째 이유는 산업공학의 전공자로서 산업공학의 모태가 된 프레더릭 테일러Frederick Taylor의 생산 관리 분야가 가장 머릿속에 깊이 남아 있었기 때문이다. 두 번째 이유는 우리나라의 기업들이 최고의 생산 효율성으로 전 세계의 유수기업과 어깨를 나란히 하기 때문에 한국에서 이러한 생산관리의 전문가가 된다면 세계에서도 경쟁력이 있는 인재가 될 수 있을 것이라 생각했기 때문이다.

그래서 경기도 화성의 DRAM 반도체 공장에 입사해 생산 관리 분야의 업무를 시작했다. 이 업무를 하며 느낀 점은 상대를 잘 설득해야 한다는 것이었다. 설비 수리의 우선순위와 로트Lot 생산의 우선순위 등 생산 관리를 위한 의사결정에서 내가 생각한 아이디어를 함께 일하는 동료들이 실행해주어야 하는데, 그때 상대가 설득이 되지 않는다면 아무리 좋은 아이디어가 있어도 무의미하다는 것을 느꼈기 때문이다. 그리고 그 설득에서 가장 필요한 것은 숫자로 이야기하는 것이었다.

그렇다면 어떻게 모두를 이해시킬 수 있는 숫자를 뽑아낼 수 있을까 한 번 더 고민해보게 되었다. 결국 데이터를 정형화하고 분석해 모두가 이해하기 쉬운 인사이트를 뽑아낼 수 있는 역량이 필요하다고 생각하게 되었고, 그래서 빅데이터를 공부하기로 마음먹었다. 공부를 계속하고 싶은 마음도 강했지만, 회사 생활 또한 너무 즐거웠다. 멋진 동료들과 토론하고, 인간적인 관계도 쌓아가며, 회사 로고가 박힌 예쁜 케이스에 담긴 사원증을 매고 회사를 다니는 것에 불만을 가질 수 없었기 때문이다. 두 가지를 병행할 수 없을까 고민하던 중 어시스트 빅데이터MBA학과에서 주말에 공부할 수 있다는 것을 알게 되었다.

하지만 내게 필요한 과목들을 제대로 배울 수 있는지 매우 궁금했다. 그런데 포괄적이고 충실한 커리큘럼을 알고 나서 호감이 가서 마음을 정하게 되었다. 학부를 졸업하고 취업이 아닌 공부로 진로를 택한 주변 지인들을 보면 모두 대단해 보였다. 과연 '주말에만 공부하는 내가 그 친구들처럼 할 수 있을까?' 하는 걱정도 들었다.

하지만 열심히 수업도 듣고, 관심 있는 분야에 대해서 논문도 읽으며 공부하니 연구를 전업으로 하는 친구들과 전공과 관련된 대화를 편하게 나누면서 자신감이 생겼다.

논문을 작성하면서 기존 연구들을 공부하며 연구 주제를 정하고, 조금씩 연구를 진행해나갔다. 특히 주제와 관련된 논문을 읽고, 조사하고, 가설을 세우고, 실험을 하고, 가설에 대한 증명을 할 때 혹은 예상치 못한 새로운 발견을 할 때 느낀 즐거움은 박사과정 진학을 결심하는 데 결정적인 영향을 끼쳤다.

박사과정은 학위 그 자체보다는 한국과는 조금 다른 환경에서 폭넓게 공부하기 위해 중국으로 가기로 정했다. 중국에서는 박사과정 중에 세계적인 수준의 데이터 · 인공지능 기업들에서 인턴십이 가능하므로 그속에서 경험하며 공부하고 싶었다. 더욱이 많은 인구와 낮은 정보보호규제 등으로 큰 데이터를 만질 수 있는 기회가 더 많은 이유도 작용했다. 현실적인 문제로는 뛰어난 공학도들이 미국에서 공부하기를 택하기에 미국 유학은 수준 높은 학교에서 장학금을 받기가 쉽지만은 않은 데 비해, 중국은 '최고 수준 학교+좋은 장학금' 측면에서 아직은 블루오션이라고 생각한다.

내가 빅데이터 공부를 시작하게 된 계기가 데이터 분석으로 동료들을 설득해 생산 공정의 효율화를 이루기 위해서였다면, 박사과정은 동료를 설득하는 것이 아니라 컴퓨터에 이해를 시켜 시스템이 자동으로 효율적 생산을 하게 하는, 즉 인공지능을 활용한 자동화 공장을 만드는 데 집중해 공부하고 싶었다. 그래서 칭화대학의 인공지능 박사과정에 입학했다. 칭화대학 인공지능학과는 석사 · 박사를 통합으로 전공하는 동기가 많다.

대부분의 학생들이 국가 발전에 이바지한다는 목표로 공부하고 있으며 이론 수업이 많다. 매주 문제 풀이 숙제를 제출해야 하고, 프로그램 수업은 매주 주어진 조건에 맞는 코딩을 해서 제출하는 식이다. 졸업 요건이 SCI, SCIE급의 논문 3편으로 매우 높은 편이라 많은 학생이 큰 부담을 느끼고 있다. 학교 수업은 과목마다 과제가 많은 것과 영어로 공부해오던 전문용어를 중국어로 변환해 사용하는 것에 빨리 익숙해지려고 애를 쓰고 있다.

In My Personal Note

이승일의 박사과정 입학을 위한 추천서를 쓰면서 고민을 많이 했다. 과연 추천서에 무슨 이야기를 해야 이승일이 전액 장학금을 받을 수 있을까? 한국 학생들의 추천서는 외국 대학의 입학 심사 교수들이 비중 있게 평가하는 편이 아니기 때문이었다. 많은 학생이 자신들이 알아서 추천서를 쓰고 교수는 거기에 서명만 해서 보내는 것을 외국의 심사 교수들도 잘 안다. 사실 학생들이 직접 써오는 추천서는 천편일률적이기 때문에 한 번만 쓱 보면 알게 된다. 이승일이 엄청 똑똑하고 열심히 공부하기는 한다. 하지만 칭화대학 인공지능학과 박사과정이라면 중국 최고의 학생들이 지원할 텐데 똑똑하고 열심히 공부한다는 이야기는 크게 차별적이지 않았다. 다른 장점을 부각해야 했는데 이승일은 그런 차별적이고 탁월한 장점을 갖추고 있었다. 요즘 대학교수 사회는 '학술지에 논문을 게재하라. 그렇지 못하면 사라져라Publish or perish'라는 법칙이 엄하게 적용되고 있다. 세계적인 수준의 대학에서는 유명 학술지에 게재하는 논문의 질과 양에 따라 교수들의 정년tenure 심사나 연봉 책정이 크게 좌우되기 때문에 그 압력이 상상 이상으로 훨씬 크다. 하지만 학술지에 논문을 싣는 일이 특히 수준이 높은 학술지일수록 쉽지 않고 기간도 오래 걸리기 때문에 교수 간의 공동연구가 일반화되어 있다. 또한 교수들이 주도하고 대학원생이 보조하는 공동연구도 흔하다. 장학금을 확실히 받으려면 바로 교수들의 연구를 보조하기에 충분한 능력을 갖추고 나서, 이런 사실을 입학 지원서에 자세히 쓰면 되는 것이다. 더욱이 이승일은 연구를 보조하는 것은 물론 영어로 논문을 작성하는 능력이 있다. 그 점을 인상적으로 부각하기로 했다. 어시스트 빅데이터MBA학과에서는 해외 학술지 게재를 겨냥해서 논문을 쓰는 것을 장려하기에 일부 학생들은 영어로 논문을 쓴다. 이승일은 3학기 말에 쓰는 논문을 이미 2학기에 영어 논문을 써서 심사를 통과했다. 논문 주제는 매우 기발한 것으로서 영화평 속에 들어 있는 특수 문자(!, ?, ·, * 등)와 철자가 틀린 단어수로 그 영화평의 감성 sentiment, 즉 긍정적인 평가인지 부정적인 평가인지를 예측하는 것이었다(논문 제목: Relationships between Quantitative Indicators and the Sentiments of Text). 추천서에서는 이 논문의 주제, 데이터 수집, 분석 결과, 시사점 등을 설명하고 이 논문이 이미 해외 학술지에 제출되어 심사 중임을 밝혔다. 칭화대학 2차 시험에서 심사 교수들이 영어 논문 작성 역량에 대해 여러 번 질문했다는 이야기를 들었을 때 나는 이승일의 합격을 확신했다. 결국 칭화대학 인공지능학과 박사과정에 전액 장학생으로 입학했는데 한국 학생으로서는 유일하다.

"모든 성공 스토리는 끊임없는 적응 · 수정 · 변화의 이야기다."

• 리처드 브랜슨Richard Branson(버진그룹 회장)

제 8 장

IT 경력자들의 영역 확대 업그레이드

요즈음 IT 경력자들이 데이터 분석으로 영역을 넓히려고 하는 경우가 많은데, 그것은 매우 자연스런 현상이다. 좋은 데이터 사이언티스트가 되기 위해서는 데이터를 수집·저장·추출·가공할 수 있는 코딩 능력(프로그래밍, 주로 R 혹은 파이선)과 이를 분석해(시각화, 모형화) 인사이트를 끄집어낼 수 있는 통계적 능력이 필요하다. 그런데 데이터의 시각화와 모형화에 바로 투입할 수 있는 데이터는 거의 없다. 따라서 데이터 사이언티스트는 데이터 분석 작업 시간의 약 80퍼센트를 데이터를 전처리(가공)하는 데 사용한다. 통계학자는 수리적 능력과 모형화는 잘할 수 있겠지만, 데이터가 필요한 형태로 갖추어질 때까지 다른 사람에게 의존해야 한다. IT 전공자는 데이터 수집과 가공에는 익숙하다. 이들이 수리적 능력과 모형화를 할 수 있다면, 나아가서 프로젝트를 리드할 수 있는 전략적 시각까지 갖는다면, 통계학자가 데이터 수집과 가공을 배우는 것보다는 상대적으로 쉽게 진정한 데이터 사이언티스트로 거듭날 수 있기 때문이다.

거듭난 데이터 사이언티스트

문건웅(삼성SDS)

아주 어릴 적부터 나의 희망은 남자아이라면 누구나 한번쯤 꿈꾸듯이 과학자가 되는 것이었다. 특히, 나는 기계에 관심이 많았는데 집안의 웬만한 전자기기는 내 손을 거쳐 분해되어 새로 조립되었다고 해도 과언이 아닐 정도였다. 중학교 때는 과학 영재반에 들어가 공부했고, 물리 경시대회에서 입상하기도 하는 등 과학에 대한 관심과 꿈은 계속 이어졌다. 그래서인지 대학 진학 시에도 전공을 선택하는 데 큰 고민 없이 기계과에 진학했다. 기계를 공부해서 로봇을 디자인하고 만들고 싶다는 나름의 구체적인 꿈을 실현하기 위해서였다.

하지만 기계에 점점 가까워질수록 로봇은 고사하고 상상과 현실의 괴리를 느꼈다. 과학을 그렇게 좋아했지만 열역학과 유체역학, 기구학 등을 배우면서 로봇을 만든다는 것은 상상했던 것 이상으로 복잡하고 어려운 과정을 거쳐야 한다는 것을 몸소 느끼고 좌절했다.

대학 입학 이후부터 교내 컴퓨터 자원봉사 동아리에서 활동하며 컴퓨터와 많이 친해졌고, 마침 군복무 대신 병역 특례로 회사에서 IT 관련 일을 하게 되면서 컴퓨터에 대한 관심이 많아졌다. 그리고 복학 후에는 컴퓨터과학으로 전공을 바꾸었다. 실용적이긴 하나 학부에서 배우는 내용만으로는 할 수 있는 게 극히 제한적이었던 기계과에 비해, 컴퓨터과학은 전공수업을 통해서 내가 원하는 것을 다양하게 해볼 수 있고, 아이디어를 직접 설계하고 구현해서 실제로 사용할 수 있다는 점에서 매우 흥미로웠다. 특히 지도 기반 서비스나 USB에 담아 어디든 꽂아서 내가 쓰던 환경으로 사용할 수 있는 초소형 포터블 컴퓨터 환경 등이 벌써 실용화되어 있는 것을 보고 아쉽기도 했다. 하지만 한편으로는 남들보다 앞선 아이디어를 갖고 과제를 했다며 나름 뿌듯함도 많이 느꼈다.

4학년 1학기 때, 교내로 찾아온 리크루팅Recruiting에서 대기업 IT 회사로 원서를 냈고, 바로 합격하면서 취업에 대한 고민 없이 졸업 후 바로 입사했다. 이후 이직 없이 거의 16년째 근무하면서 관리직을 제외한 연구개발, 솔루션 개발, 시스템 운영, SI, 프로젝트 관리, 컨설팅 등 IT의 전반적인 부분을 모두 경험하며 내공을 쌓았다. 나는 IT 분야의 특성상 변화하는 세상에 늘 발 빠르게 움직이려 노력하고, 새로운 기술과 내용을 항상 관심 있게 지켜보는 편이었다.

그래서 평소에도 IT 기술에 대해 관심을 가지고 공부도 하고,

조사도 하고, 사내 스터디에도 지속적으로 참여했다. 2014년경, 공부한 내용으로 회사 세미나에서 빅데이터 기술에 관련된 발표를 하고난 뒤, 매우 좋은 반응을 얻었다. 이 발표는 다른 직원들에게 빅데이터에 대한 큰 관심을 불러일으켰고 동시에 나 자신도 빅데이터에 더욱 관심을 갖게 되었다.

IT 업종에서는 항상 데이터를 다루고, 크지 않은 데이터였지만 그것을 분석해서 결과를 서비스 형태로 제공해왔기에 나는 데이터의 가치를 늘 인지하고 있었다. 하지만 정형화된 데이터를 관계형 데이터베이스를 통해 일반적으로 수집 가능한 수준의 데이터만 다루어왔기에, 비행기 운행 중에 쌓이는 데이터 혹은 구글 무인 자동차의 데이터처럼 기존 기술로는 제대로 처리할 수 없는 방대한 양의 데이터를 수집 · 처리 · 분석할 수 있는 IT 기술들에 큰 관심을 갖고 있었다.

그러다가 업무와 관련성도 있고, 넘쳐나는 데이터를 어떻게 활용하느냐가 관건이 된 이 세상에서 빅데이터 분야를 좀더 심도 있게 공부해보고 싶다는 생각이 들었다. 데이터가 쌓였을 때 시너지를 이룰 수 있는 빅데이터의 활용과 그것의 가능성, 그리고 서비스의 중심이 될 빅데이터에 대한 분석을 학문적 · 체계적으로 공부해보고자 한 것이다.

대학원을 고민하던 당시 빅데이터는 학문적으로 생소한 분야였고, 이를 다루는 대학원이 극히 드물었다. 어느 대학원이 적합할지 알아보던 중 어시스트 빅데이터MBA학과를 알게 되었는데, 빅데이터에 관련된 전반적인 것을 다루는 커리큘럼이 마음에 들었다.

내가 궁금하고 모르는 부분을 채워줄 수 있는 수업 과정이라고 생각해서 빅데이터MBA학과를 선택했다. 빅데이터의 총체적인 측면에서 볼 때, 한 사람이 이것을 실무에서 모두 경험하기는 사실상 불가능하고, 마찬가지로 한 사람이 이 모든 것을 제대로 이해해서 실제 사용하는 것은 불가능하다. 하지만 커리큘럼을 이수하면서 다양한 빅데이터 관련 솔루션과 에코 시스템을 경험하며 알게 되었고, 필요한 시점에 적절한 것을 활용하고 의사결정을 내릴 수 있는 소양을 갖출 수 있었다.

빅데이터를 크게 기술집약적 접근과 서비스 영역 접근으로 나눠본다면, 기술집약적 접근은 다소 테크니컬해서 한정된 사람들(전공자, 엔지니어)만의 영역이 될 수 있지만, 서비스 영역에서는 이러한 기술을 도구로 활용해 어떠한 가치를 창출하느냐가 핵심이라고 생각한다. 따라서 빅데이터를 기술집약적으로만 접근하지 말고, 다양한 분야의 지식에 기반해서 빅데이터를 공부한다면, 빅데이터를 활용한 가치 창출 면에서 훨씬 더 큰 시너지가 생길 것이다.

즉, 기술을 몰라서 혹은 전공자가 아니라서 빅데이터에 대한 공부를 주저한다면 자신감을 갖고 도전해보라고 추천하고 싶다. 기술적인 부분만이 빅데이터 분야의 전부가 아니며, 빅데이터의 전반적인 내용을 공부하고 알게 된다면 자신이 정통한 분야에 빅데이터를 접목해서 또 다른 서비스와 가치를 만들어나갈 수 있는 무궁무진한 길이 열려 있기 때문이다.

내가 빅데이터를 공부한 2016~2017년은 빅데이터 분야가 비약적으로 발전하고 각광받기 시작한 시기였고, 알파고의 등장으로 전문가 영역에서 일반인 영역으로 빅데이터라는 단어가 파고들 정도로 단기간에 핫한 분야가 되었다. 그런 측면에서 내가 빅데이터 분야에 대한 공부를 시작한 시기도 매우 적절했고 최상의 선택이었다고 생각한다. 하지만 학위를 받았다는 것에 안주하지 않고, 변화하는 세상과 기술에 뒤처지지 않도록 꾸준히 공부하고 노력할 것이며, 시간과 상황이 허락한다면 박사학위에도 도전할 것이다.

In My Personal Note

문건웅 차장은 어시스트 빅데이터MBA학과에 입학하기 전부터 이미 훌륭한 데이터 사이언티스트였다. 컴퓨터공학 전공에 삼성SDS에서 16년 동안 연구개발, 솔루션 개발, 시스템 운영, SI, 프로젝트 관리, 컨설팅 등 IT의 전반적인 부분에서 내공을 길렀고 빅데이터 기술과 서비스 영역에서도 개인적인 스터디가 심도 깊었다. 그래서 입학 면접할 때 문건웅 차장에게 "공부 더 안 해도 될 것 같은데"라고 말하기까지 했다. 하지만 문건웅 차장의 공부에 대한 열망은 식을 줄 몰랐다. 최고 수준의 데이터 사이언티스트로 거듭나기를 원한 것이다. 이미 머리말에서 언급했듯이 한 사람이 모든 영역에 대한 이론과 지식을 제대로 이해하는 것은 물론, 실무에서 제대로 활용하기는 사실상 불가능하다. 하지만 문건웅 차장은 거의 그런 수준의 능력을 갖춘 데이터 사이언티스트였다. IT의 전반적인 부분에 대한 지식과 서비스화한 경험에서 문건웅 차장은 이미 훌륭한 IT 전문가 이상이었다. 하지만 그에 만족하지 않고 더 넓은 내공을 갖춘 데이터 사이언티스트가 되기 위해서 공부했으며 이제는 IT, 인공지능, 문제해결 · 실행 측면에서 세계적인 수준의 데이터 사이언티스라는 것을 보증할 수 있다. 거듭난 데이터 사이언티스트로서 문건웅 차장의 활약과 공헌을 크게 기대한다.

분석에 대한 새로운 시각을 키우다

강경민(지멘스 인더스트리 소프트웨어코리아)

고등학교는 이과를 나왔지만 수학을 어려워해 대학은 공대 중에서 그나마 역학 등을 하지 않는 컴퓨터공학을 전공했다. 전산 분야에서는 특히 자료 구조론과 알고리즘 같은 과목을 좋아했으며, 대학 내내 프로그래밍에 몰두해 아르바이트도 3학년 때부터 테헤란로의 벤처 업체에서 프로그래밍 일을 주로 했다. 졸업 후에는 다국적 기업에서 소프트웨어 솔루션과 서버 등을 기술 지원하는 필드 엔지니어와 자동차 회사의 IT 부서에서 R&D 애플리케이션을 담당하는 업무 등을 거쳐, 현재는 지멘스Siemens의 디지털 팩토리Digital Factory 사업부 내에 산업용 소프트웨어를 공급하는 사업부에서 소프트웨어 솔루션 엔지니어로 일하고 있다. 최근에는 제조 산업의 인공지능·빅데이터 분석을 지원하는 솔루션 분야로 전문 영역을 확대했다.

지멘스 인더스트리 소프트웨어에서 근무하면서 2014년에 국내 모 완성차 회사의 해석 부서와 축적된 해석 데이터에 대한 데이터 마이닝 PoCProof of Concept(개념 증명) 프로젝트를 BIBusiness Intelligence 솔루션으로 진행했다. 이때 기업이 보유하고 있는 데이터를 잘 정리해서 가공하고 시각화하면 다양한 의사결정에 엄청난 가치가 있다는 것을 깨닫게 되었다. 구글, 야후, 아마존과 같은 인터넷 분야에서 시작된 빅데이터는 마케팅이나 CRM과 같이 기업에서 원천 데이터 활용이 가능한 분야에서 활발하게 적용되고 있다.

하지만 보안을 중요시하는 국내 기업체의 연구개발과 생산 분야에서는 상대적으로 타 분야에 비해 더디게 발전하고 있다. 특히 생산과 같은 영역에서는 SPCStatistical Process Control(통계적 공정 관리)와 같이 데이터를 기반으로 통계적인 방법을 통해 제품의 품질과 생산 공정을 개선해나가는 분야가 있기는 하다. 하지만, 머신러닝과 딥러닝을 접목하면 우리가 지금까지 달성하지 못했던 제품의 품질과 공정 최적화의 극한을 뛰어넘을 수 있을 것이라고 생각하게 되었다.

또한 최근 여러 기업체에서 많은 관심을 갖고 진행하거나 계획하고 있는 스마트 팩토리 분야에서도 디지털화를 통해 구체화된 데이터를 확보하게 되면, 실제로 이를 활용하는 분야에 머신러닝과 딥러닝을 이용해서 고품질의 제품을 효율적으로 양산할 수 있는 스마트 공장을 구축할 수 있을 것이라는 생각을 하게 되었다. 그래서 이 분야를 공부해야겠다고 결심했다.

이후 독학과 IT 교육 등을 통해서 하둡Hadoop이나 R 분석 등을 공부했다. 하둡과 같은 빅데이터 기반 IT 기술은 교육 기관이나 서적 등을 통해 어느 정도 독학이 가능했으나, 데이터 과학 분야는 당시 시장에 교육을 잘할 수 있는 강사가 부족했고 스스로 독학하기는 힘들다는 결론을 내렸다. 여러 정보를 찾아보던 중 국내 대학원 과정에서 데이터 과학 커리큘럼이 가장 체계적인 어시스트 빅데이터MBA학과에 입학해 본격적으로 공부하게 되었다.

어시스트에서 빅데이터 전공과목들을 정식으로 배우면서 분석에 대한 새로운 시각을 가질 수 있었다. 데이터 과학은 데이터를 활용해 수학과 통계를 기반으로 적합한 알고리즘을 선정하고 분석 모델을 만드는 분야로, 성능이 우수한 모델을 만들려면 파이선과 같은 프로그래밍 언어로 생각한 바를 구현하고 세밀하게 파라미터 parameter(매개 변수)를 조절하는 것이 필요하다.

개인적으로 과거 프로그래밍 경력이 있어 동기들이 힘들어 했던 프로그래밍 분야는 힘들지 않게 습득할 수 있었으나, 딥러닝 분야는 업계 전문가의 이론과 실습 과정을 통해 새롭게 정립하게 되었다. 그 외 빅데이터 방법론이나 통계 · 수학 등을 습득하고 이해하면서 이론적인 면을 강화할 수 있었고, 인공지능 모델을 이용한 여러 가지 실습 프로젝트를 통해서 빅데이터 분석 과제 도출, 데이터 확보와 가공, 분석 모델 구현, 그 과정에서 어려움과 필수적이고 핵심적인 사항을 체험할 수 있었다. 그 후 회사 제품에 인공지능 기능을 접목하는 내부 활동에 참여해 실제 아이디어를 과제화하는 등 실무 분야에서 적용하면서 계속적으로 공부하고 있다.

연륜 있지만 꼰대 같지 않은

김현숙(삼성물산 건설부문 ERP운영그룹)

인정하고 싶지는 않지만, 20년의 직장 생활을 해온 나는 보고서의 폰트가 통일되지 않거나 표의 오른쪽 바로 위에 단위가 정확하게 표시되어 있지 않거나 또는 합계가 맞지 않는 경우 등이 먼저 눈에 들어오고, 급기야 '이런, 기본이 안 돼 있네!' 하며 지적한다. 불과 몇 주 전에 어시스트 빅데이터MBA학과를 같이 공부하는 다른 회사의 젊은 친구가 갑자기 '양식이 뭐가 중요해요? 내용이 중요하죠!'라고 해서 '나도 이제 꼰대인가 보다!' 하고 실감할 수밖에 없었던 적도 있었다.

맞다. 현실적으로 '5G 시대'에 보고서 양식보다는 내용을 찰나의 순간으로 인지하고 소통이 물 흐르듯이 빠르게 이루어지는 것이 중요하긴 하다. 그리고 의료 재활을 위한 웨어러블 로봇, 롤링 TV,

제자리에서 360도 회전하는 자동차 등을 보고 있자면 머지않아 달나라까지 순간 이동도 가능할 것만 같다.

나는 컴퓨터공학과를 졸업한 후 IT 분야에서만 20년 정도 근무를 하고 있고, 주로 회사의 기간계 시스템Existing System을 만들고 운영하는 업무를 수행해오고 있다. 정확하게 ERP 시스템 구축을 제안 · 컨설팅 · 개발 · 운영을 했고, 지금은 운영과 기획을 하고 있다. 사실 컴퓨터공학을 전공하게 된 사연은 임팩트가 하나도 없다. 요즘 청년들, 지금 고등학생인 내 아들 세대와 같이 어릴 때부터 꿈과 미래와 포트폴리오 등을 준비하기보다는 성적으로 대학과 학과를 선택했던 학력고사 세대로서 국어보다 수학이 조금 더 좋았던 나는 이과를 선택했다.

요즘 핫한 SKY나 의대를 갈 정도로 뛰어나지는 못해 아버지께서 그 당시의 '전산과'가 여자가 가기 제일 낫겠다고 묻지도 따지지도 않고 손수 원서를 등록하신 것이 계기가 되었다. 지금에 와서 생각하면 내 인생임에도 너무 무책임하다고 할 수도 있겠다. 하지만 고등학교 때까지 접하지도 않았던 컴퓨터가 지금은 낯설지 않은 것은 무언가 매력으로 나를 붙잡았던 것 같다.

지난 20여 년 전부터 ERP 붐이 일었는데, 나는 그 초창기였던 1997년에 ERP를 시작했고, 조금 과장하자면 ERP계의 시조새쯤 된다. 달인이나 장인격임을 자랑하는 것이 아니다. IT 분야에서 기술은 숙성되기 전에 썩는다고 생각한다. 물론 아직도 ERP는 진행 중이다. 경험으로 보았을 때 그 원인은 ERP 시스템을 어떤 형태로 구성하든 회사에 반드시 필요한 시스템인 것은 확실하다는 것이다.

하지만, 회사를 운영하기 위한 시스템을 그 이상의 인공지능, 사물 인터넷 등의 첨단 시스템으로 진화시키는 것은 오버일지도 모른다. 왜냐하면 그 운영 비용 역시 회사의 손익에 반영되는 원가이기 때문이다. 모든 직원이 정확한 정보를 효율적으로 공유하고 시스템 내의 정보를 바탕으로 의사결정을 신속하게 할 수 있을 정도의 가성비만 있으면 된다.

이런 필요에 의해 대부분의 회사가 모든 정보를 하나의 시스템에서 입력하고 조회가 가능한 ERP 시스템을 갖추고 있고, 그 시스템에는 엄청난 노하우가 담겨 있는 빅데이터가 존재한다. 앞서 이야기한 것과 같이 ERP 시스템이 모든 직원이 정확한 정보를 효율적으로 공유하고 업무 프로세스를 원활하게 수행하는 부분에서는 충분한 역할을 하고 있다. 하지만, 구축 시에 많은 비용과 운영을 위해 별도의 비용이 드는 ERP 시스템은 업무 프로세스를 녹여 업무를 수행하는 것만이 전부가 아니다.

시스템 구축을 위한 제안서나 경영진 보고에도 '데이터 기반의 신속한 의사결정을 통한 경쟁력 강화'라는 것이 최고의 가치, 성과, 기대효과 등으로 표현된다. IT 부서에서 근무하는 사람들은 자다가도 읊을 보고서 문구일 것이다. 비단 ERP 시스템뿐만 아니라 모든 보고서의 끝은 '신속한 의사결정'과 '경쟁력 강화'가 아닐까 싶다. IT 부서에서는 응당 '데이터 기반, 시스템을 통한'이라는 것이 추가된다.

20년 전부터 ERP 시스템 관련 업무를 한 사람으로서 구축과 운영 부분은 말할 것도 없고, 데이터를 분석해 현 상황을 설명하고 그

연장선상에서 확실하지는 않더라도 앞으로 발생할 상황에 대해 예측하고 현업의 업무에 없어서는 안 될 시스템 정도는 만들어야 하는 것은 아닌가 하고 자문해본다. 특히 연차가 높아지면서는 누가 뭐라고 하지 않아도 그러한 책임감이 더 커진다. 20년간의 IT쟁이의 자존심인지도 모르겠다.

회사의 시스템이 진화하고는 있으나, 변하고 있는 세상만큼 자율주행적이지 못할뿐더러 RPARobotic Process Automation(로보틱 처리 자동화) 등을 활용하기도 하지만, 한계가 있고 개선을 위해 추가되는 원가는 환영받지 못한다. 특히 현재 업무 도메인이 건설이다 보니 제조와는 다르게 최소 2년에서 최대 10년의 데이터 관리도 중요하지만, 진행된 시점까지의 실적 데이터를 이용해 정산 시점의 원가와 수익을 예측하는 것이 아주 중요한 경영 정보가 된다.

ERP 전문가가 아니라, 회사 내의 IT 전문가로서 뭔가 제대로 분석하고 해석해 양질의 예측 데이터를 제시하고, 보고서에 항상 적는 문구인, 말 그대로 '경영진의 의사결정'을 지원하는 시스템을 만들고 싶었다. 하지만 잡힐 듯 잡힐 듯하면서도 뭔가 많이 부족한 느낌이 들고, 분석 능력의 부족함에 갈증을 느껴오던 중 데이터 사이언티스트라는 직업을 알게 되고 이것을 공부하기로 마음먹었다.

여러 매체를 통해 산발적으로 접하고 있는 빅데이터, 인공지능, 사물인터넷, 블록체인, 자율주행 등의 빅데이터 관련 정보들을 체계적으로 학습하고 직접 분석·예측할 수 있는 능력을 갖추고 싶었다. 이를 위해서 무엇보다도 관련 커리큘럼을 제대로 갖춘 학교를 선택해야 한다. 어시스트 빅데이터MBA학과를 선택한 것은 기본부터

심화에 이르는 커리큘럼 구성이 독보적인 우위에 있었기 때문이다.

MBA라고 하면 인맥을 큰 가치로 내세우는 학교나 그 부분을 기대하는 사람들도 있다. 나는 IT쟁이다 보니 사실 인맥보다는 나의 기술력으로 승부를 보고 싶고, IT 업계가 이직이 잦은 것을 잘 알기 때문에 소위 말하는 나의 몸값을 위한 실질적인 실력을 크게 생각해서 그런지 어떤 사람들과 같이 공부할지에 대한 기대감은 크게 없었다.

하지만, 한 학기를 마친 지금은 많은 동기생이 비슷한 이유에서 학교와 학과를 선택하고 열정 또한 만만치 않으며, 금요일 저녁에 늦도록 공부하고, 토요일 아침 일찍부터 하루 종일 진행되는 수업이 끝나고 자율적인 보충 시간까지 함께하는 모습을 보고 있으면 계산된 '인맥'이 아니라 오래도록 나의 절친과 지인으로 유지하고 싶은 욕심이 생긴다.

사실 어디를 가더라도 '저는 ERP 전문가입니다'라고 자신 있게 말할 수는 있지만, 데이터 사이언티스트는 이제 한 학기 전공기초 과목들을 마친 시점이라 자신 있게 '내가 해보니 전망이 밝고 추천할 만하다'고 자신할 수는 없다. 하지만 이제 데이터를 가지고 노는 방법을 조금 알 것 같고 궁금한 것들은 어떻게 찾아가서 알아낼 수 있는지를 알 것 같다. 아마도 본격적으로 다양한 실습을 할 수 있는 전공심화 과정에 들어다면 좀더 내공을 쌓게 될 것이다. 그러면 지금 몸담고 있는 회사의 원가와 손익을 예측하는 모델을 만들어서 실제 현장에서 꼭 적용해보고 싶다.

한 가지 덧붙이자면 IT 분야의 업무를 한다면 데이터 분석 분야는 더는 미룰 수 있는 기본기가 아닐까 하고 감히 생각해본다. 그리고 비록 늦은 공부이지만 젊은 학우들과 젊은 기술을 배우며 꼰대 같지 않은 연륜 있는 데이터 사이언티스트로 거듭나고자 한다.

돌고 돌아 다시 학교로

이래중(어시스트 빅데이터연구센터)

평범한 집안에서 태어난 나는 아주 평범하게 자랐고, 학교에서는 약간의 특혜(?)를 받을 정도의 성적을 유지하며, 딱 문제 되지 않을 정도의 말썽만을 피우면서 지냈다. 여러 과목 중에서 그래도 나름 수학과 과학에 흥미를 보였고 앞으로 공부를 한다면 '당연히 물리학을 해야지'라고 막연히 생각하며 그냥 놀기만 했다. 고등학교 1학년 때쯤인가 독서토론회+알파(?) 정도 되는 학교 밖의 모임에 나가게 되었는데, 그 구성원들은 학생, 대학생, 공장 다니는 친구 등 다양했다. 그 모임의 영향인지 아니면 원래 나의 성향인지는 몰라도 지금과 같은 이상한 사회구조를 고치는 데 힘을 보태야 된다고 생각했다.

그때는 마침 또 전교조가 생겨나고 활동하는 시기여서 고등학생인 나에게도 여러 가지 모임에 참여하고 행동할 수 있는 기회가 많이 생겼다. 그 당시 나는 이게 내 길이라고 생각했고 '졸업하면 당연히 공장에 가야지'라는 생각과 함께 대학이 뭐하는 곳인지도 잊어버리게 되었다. 그렇게 부모님과 선생님들의 엄청난 핍박을 받아내며 나의 선택을 정당화하고 있을 무렵, '너 대학 안 가는 거야? 못 가는 거야?'라는 친구의 무심한 한마디가 나의 자존심을 건드렸다. 그래서 3개월도 안 남은 학력고사를 보겠다고 마음속 깊이 묻어두었던 책들을 꺼내 독서실로 향했다.

이게 뭐 하는 짓인가 싶기도 했지만 평소에 잘 쓰지 않는 '최선'이라는 단어까지 꺼내 쓰며 나름 3개월간 열심히 한 결과, 중위권(?) 대학의 물리학과에 합격했고, 합격증만 보여주자는 처음 생각과는 달리 누나의 개입으로 입학까지 하게 되었다. 그렇게 나는 다시 물리학과 만나게 되었고, '앞으로 무엇을 해야 하는가?'라는 고민 속에서 점점 몸은 '학교에 남아야겠다'라는 쪽으로 향해가고 있었다. 그렇게 자연스럽게 물리학과 대학원에 진학하게 되었고 결코 만만치 않은 이 학문은 나를 한동안 열심히 살게 했다.

그러던 중 집안 사정이 녹록지 않아 결국 석사논문은 완성하지 못한 채 다음을 기약하게 되었다. 그 당시 사회 분위기상 물리학이라는 전공을 살려서 취직하기는 힘들었고 대신, 논리를 기반으로 하는 컴퓨터 프로그래밍이 나에게 유리해 보였다. 크게 흥미도 없고 오로지 월급을 받기 위한 용도로 시작한 프로그래밍은 거의 20년이 넘도록 내 옆에 있게 되었고 물리학은 자의 반 타의 반으로 내 삶에서 멀어졌다.

실력만 있으면 이직이 어렵지 않은 프로그래밍 업계의 특성상 다른 사람들의 눈치 보지 않고 편하게 일할 수 있었다. 일본에서도 일하고, 금융권에서도 일하고, 여기저기 원하는 곳에서 편하게 일할 수 있다는 것과 논리와 개념만 잘 잡아놓으면 큰 노력 없이 성과를 낼 수 있는 것 등이 나를 이 업계에 계속 머무르게 했다. 그러나 세월과 함께 나의 경쟁력은 점점 줄어들고 있었다.

10년쯤 전인가부터 IT 업계에서도 빅데이터가 대두되고 있었다. 나 역시 빅데이터에 상당히 관심이 많았다. 물론 그 당시만 해도 기술적인 측면에 더 많은 관심을 가지고 있었는데, 공부를 하면 할수록 빅데이터가 IT 기술을 기반으로 하고 있지만 IT 기술이 핵심이 아니라는 생각이 들기 시작했다. 빅데이터, 머신러닝, 딥러닝, 인공지능과 관련된 내용을 찾아보면서 수학, 통계, 프로그래밍, IT 일반, 분석적 사고, 논리적 사고 등을 갖추어야 한다는 것도 알게 되었다.

이러한 것들은 나와 궁합이 상당히 잘 맞았고, 내 마음을 사로잡기에 충분했다. 특히 논리적 사고가 중요한 부분이라는 것이 상당히 매력적이었다. 그렇게 나는 뭔가에 이끌리듯이 어시스트 빅데이터MBA학과에 들어갔다. 역시 예상대로 학교 생활은 즐거웠다. 공부라는 생각보다는 놀이라는 생각이 들 정도로 재미있었고 만나는 사람마다 '빅데이터 한 번 공부해보세요'라는 말이 인사말이 되었다. '왜 빅데이터를 해야 되냐'고 묻는 사람들에게 '왜 빅데이터를 안 하는지 모르겠다'는 말로 대답을 대신할 정도였다.

오랫동안 애써 외면했던, 혹은 외면하고 싶었던 공부와 학교는 미약하나마 다시 내 삶으로 들어왔고 아직 갈 길은 멀지만 '이렇게 돌고 돌아 다시 학교로 가게 되나' 싶은 생각도 든다. 학교에 남겠다던 오래전 생각은 일말의 가능성이 생겼고, 학교에 안 왔으면 어쩔 뻔했나 하는 생각까지 든다. 그동안 게으르게 보낸 세월로 인해 학교로 가기 위한 기본적인 소양들을 갖추지 못한 것이 못내 아쉽지만 이제부터라도 만회하면 된다는 생각도 든다.

앞으로의 선택이 부양가족과 현실적인 생활비에서 완전히 자유로울 수는 없기에 미래에 어떤 선택을 할지 모르겠지만, 최소한 지금보다는 즐거운 선택이 될 것 같다. 지금은 어시스트 빅데이터 연구센터에서 수석연구원으로 기업에서 의뢰한 프로젝트를 수행하면서 기업 맞춤형 파이선 · 인공지능 교육 프로그램을 진행하고 있다.

In My Personal Note

이래중 수석연구원은 외유내강의 전형이다. 외유내강이기 위해서는 자신만의 단단한 신념의 틀이 있어야 하는데, 이래중 수석연구원의 틀은 바로 탄탄한 논리적 사고라고 생각한다. 이래중 수석연구원은 대단한 프로그래머다. 컴퓨터 프로그래밍이 바로 논리를 기반으로 하고 있기에 프로그래밍에서 강점을 보이는 것 같다. 여러 프로그래밍 언어에 정통하지만 특히 파이선을 잘한다. '크게 흥미도 없고 오로지 월급을 받기 위한 용도로 시작한 프로그래밍'인데 그렇게 잘한다면, 흥미를 갖게 된다면 얼마나 더 잘할까? 앞으로는 이래중 수석연구원이 흥미를 좀더 가질 수 있도록 내가 무슨 수라도 내야겠다. 현재 이래중 수석연구원은 어시스트 빅데이터MBA학과에서

'IT Basics'와 '파이선 기초와 고급' 과목을 맡아서 후배들을 가르치고 있는데, 프로그래밍 구조 속에 숨은 논리적인 배경을 곁들이는 강의로 학생들에게 호평을 받고 있다.

좀더 인텔리전트한 영역에 도전하다

→ 이정애(마이크로소프트 클라우드사업본부)

초등학교 시절 게임을 하기 위해서는 프로그램을 손으로 쳐서 입력해야 하는 애플 컴퓨터를 접하게 되었다. 초등학교 6학년 때부터는 본격적으로 컴퓨터 프로그래밍을 배우기 시작했다. 컴퓨터 학원에서 만난 원장 선생님과 중고등학생 원생 몇 명과 팀을 이루어 컴퓨터경진대회에 소프트웨어를 출시하고, 상공부장관상을 수상하기도 했다. 고등학교 시절에는 잠시 컴퓨터와 멀어졌지만, 수학을 잘하지 못했지만 이과를 선택했다.

대학에 진학할 때는 고민 없이 컴퓨터공학을 선택했다. 대학에서는 음악을 취미 활동으로 하여 공부와는 멀어졌으나, 졸업 후 IMF로 대기업에 쉽게 취업할 수 있는 기회가 없어 본격적으로 프로그래밍 공부를 시작해 벤처기업에서 프로그래머로서 경력을 쌓게 되었다.

1999~2000년대 초반의 닷컴 붐을 타고 웹(Java) 개발자가 잘 팔리기 시작할 무렵, 영어를 공부하겠다고 과감히 회사를 그만두고 미국으로 어학연수와 여행을 1년 반 정도 다녀왔다. 어학연수 후에는 운 좋게 해외 프로젝트를 수행할 수 있는 자리에서 일을 시작해 미국 서비스 프로젝트에 참여하게 되었다. 그리고 프로젝트 완료 후 현지에 남아서 5년 반 동안 미국 동부에서 직장 생활을 했다.

미국에서 일을 시작한 지 3개월 만에 프로젝트의 개발팀 매니저 자리가 공석이 되었고, 해당 솔루션을 처음부터 개발해 이해도가 가장 높다는 이유로 매니저로 승진을 하여 그 후로는 개발 실무를 병행하는 개발 매니저로 근무하게 되었다. 5년 반의 미국 생활을 마치고 2013년부터는 한국에 있는 외국계 회사에서 솔루션 엔지니어로 직무를 변경해 개발을 직접 수행하는 업무보다는 솔루션 컨설팅 쪽으로 경력을 이어나갔다.

2013년부터 근무한 외국계 회사는 인터넷에서 웹사이트 혹은 비디오 스트리밍 서비스를 좀더 빠르게 제공하도록 하는 네트워크를 기반으로 한 회사다. 요즘 많이 사용하고 있는 클라우드의 분야 중에 인프라 관련 서비스와 관련되었다고 보면 된다. 해당 업계에서는 총 5년 정도 일했는데, 4년 정도 일했을 무렵에 어시스트 빅데이터MBA학과를 졸업한 1기 선배를 통해 빅데이터를 알게 되었다.

물론 인프라 서비스도 새로운 기술이 나오기는 하지만, 이미 어느 정도 기술과 솔루션에 익숙해 지루함을 느끼고 있었고, 빅데이터와 인공지능 분야와 같이 좀더 지능적인 분야에서 새로운 영역에 도전하고 싶던 와중에 어시스트 빅데이터MBA학과를 알게 되어 별다른 고민 없이 빅데이터 공부를 시작하게 되었다. 다만, 컴퓨터가 좋아서 전공을 선택했지만 아이러니하게도 수학은 별로 잘하지 못해 첫 수업인 통계를 들었을 때 적잖이 당황하긴 했다.

미분을 따로 공부하기도 했지만, 수학과 통계에 대한 기초지식이 부족한 사람에게는 머신러닝과 딥러닝의 분석 방법론을 공부하는 과정이 쉽지만은 않았던 것 같다. 다행히 프로그래밍을 하던 경험이 있어서 파이선이나 R을 '돌리는' 것에는 큰 어려움은 없었으나, 분석 방법을 선정하고 결과를 제대로 해석하는 데는 아직도 내공을 더 쌓아야 한다.

어시스트 빅데이터MBA학과에서 2학기째 수강하고 있던 어느 날, 함께 일했던 동료에게서 현재 공부하고 있는 분야와 관련된 자리로 함께 옮기자는 제안을 받게 되었다. 그래서 좀더 큰 클라우드 업체에서 사물인터넷 솔루션 기술 업무를 담당하는 자리로 이직하게 되었다. 현재 다니는 회사는 클라우드에서 특히 데이터 · 인공지능 분야에 많은 투자를 하고 있기 때문에 내가 바라던 최적의 환경이라 생각한다.

흔히 사물인터넷은 사물에서 발생하는 데이터를 수집하는 솔루션을 제공하는 정도로만 생각되기도 한다. 하지만 단순하게 데이터를 수집하는 것에서 나아가 수집된 빅데이터에서 인사이트를 발견하고 이를 분석해 실제 행동을 할 수 있는 흐름이 중요하다. 사물인터넷 프로젝트를 수행하다 보면 결국에는 빅데이터 분석, 머신러닝, 인공지능, 인지 서비스와 연결되는 구조가 되는데, 어시스트 빅데이터MBA학과에서 배운 지식을 현재 업무와 매칭할 수 있게 된 것이다.

현업에서 컨설팅을 진행할 때 만나는 제조업과 유통업 등의 다양한 팀을 만나 고민을 들어보면, 빅데이터의 수집뿐만 아닌 데이터를 분석해서 실행하는 것에 많은 관심을 갖고 있다. 선도 기업의 연구소에는 이미 박사과정을 마친 분석 전문가들이 일하고 있는 경우도 많지만, 많은 기업과 파트너 업체에서는 실제 분석 경험이 있는 전문가를 구하는 데 어려움을 겪고 있다. 졸업 후에 현재 하고 있는 클라우드 설계에서 실제 분석 업무로 또 한 번의 전환을 하게 될지는 미지수다. 다만 어시스트 빅데이터MBA학과에서 배운 내용이 많은 분석가와 R&D 인력들을 만나는 데 큰 도움이 되고 있는 것은 분명하다.

데이터전처리도 커버하는 데이터 사이언티스트

Dan(H사 IT개발부)

나는 어렸을 적에 게임을 좋아했다. 여러 가지 게임을 하면서 자연스레 컴퓨터 게임을 접하게 되었고, 컴퓨터와 친숙해지게 되었다. 부모님은 '공부해'라기보다는 '하고 싶은 것은 무엇이든 해'라고 하며 열렬히 지원해주는 스타일이었다. 그렇기 때문에 초등학교 4학년, 286컴퓨터 시대부터 컴퓨터를 꾸준히 사용하고, 컴퓨터에 흥미를 가지게 되면서 컴퓨터 학원을 장기간 다니며 컴퓨터를 좋아하는 학생으로 자랐다.

내가 또 하나 좋아했던 것은 수학이다. 정해진 규칙만 알면 다양한 방법으로 답안을 낼 수 있는 수학이 너무 좋았다. 당연히 고등학교 때 이과를 선택했으며, 고등학교 3학년 시절 공부하기 싫을 때도 수학문제를 풀며 시간을 보냈다. 대학도 자연스럽게 인하대학교 정보통신공학과에 입학했다.

대학교 1학년을 마치고 군대에 갔고, 문제없이 현역만기 제대했다. 군대 전역 후, 내가 진학한 정보통신공학과는 전자 · 전기 · 컴퓨터공학이 복합된 학과임을 알게 되었고, 컴퓨터공학 쪽에 관심이 많았던 나는 컴퓨터공학과로 전과했다. 전과 후 컴퓨터 프로그래밍, 기초 통계학, 선형대수 등 컴퓨터 관련 과목을 아주 재미있게 공부했다. 대학교 졸업 후 글로벌 기업에 입사하는 것이 목표였으므로 휴학을 하고 1년 동안 어학연수를 다녀왔다. 복학 후 사설 컴퓨터 학원에서 시스템 · 데이터베이스(오라클)를 별도로 공부했다. 데이터베이스를 배우면서 '데이터'가 어떻게 관리되며, 얼마나 중요한지 알게 되었다.

입사 후 운이 좋게 금융권 정보 업무, 즉 통계를 추출하는 업무를 하면서 비교적 큰 데이터를 다루어 보았고, 이직 후에도 꾸준히 데이터를 다루는 일을 했다. 일을 하면 할수록 어떤 IT 시스템이든 데이터가 가장 중요하다는 것을 느꼈고, 많은 데이터를 얼마나 효율적으로 처리하느냐가 시스템의 성능을 많이 좌우한다는 것도 알게 되었다. 데이터베이스 튜닝과 설계 등을 별도로 사설학원에서 공부하면서, 뉴스에서 흘겨보았던 빅데이터에 더욱 관심을 가지게 되어 빅데이터를 공부하는 방법을 인터넷으로 검색하게 되었다.

사설학원이나 인터넷 강의 등 여러 방법이 있었으나, 오랜 시간이 걸리더라도 학교에서 전문적으로 공부하고 싶었다. 그래서 빅데이터 학과가 있는 대학원들을, 특히 커리큘럼을 중점적으로 찾아보았다. 결국 체계적으로 구성되어 있고 실무에서 가장 잘 활용될 수 있는 커리큘럼을 가진 어시스트 빅데이터MBA학과를 선택해 지원했다.

첫 학기에 MBA 과목과 데이터 사이언스 기초과목들을 수강했다. MBA 과목은 IT 업무를 하며 엔지니어 마인드만 있던 나에게 비즈니스 관점을 심어주었고, 빅데이터를 실제 비즈니스와 연관시킨 다양한 흥미로운 사례는 더욱 빅데이터에 관심을 갖게 했다. "앞으로 모든 산업에서 데이터가 승자와 패자를 가를 것이다"라는 IBM의 CEO 버지니아 로메티Virginia Rometty의 말처럼, 미래에는 데이터의 중요성이 더욱더 커질 것이라고 느끼게 되었다.

두 번째 학기부터 빅데이터 전공과목들을 본격적으로 배우면서, 빅데이터는 내 생각보다 훨씬 많은 의미를 갖고 있다는 것을 알게 되었다. 가장 신선한 충격은 빅데이터 분야가 나의 IT 업무 영역 확대를 위한 공부라고 생각했으나, 내 생각보다 훨씬 더 다양한 분야로 나누어진다는 것, 특히 데이터 분석이라는 업무는 IT와 많이 차별화된 업무라는 점이었다. 또한 항상 기술통계 데이터만 추출하던 나에게 추리통계를 통한 실제적인 투표 결과 예측이나 홈쇼핑 매출 예측 등 데이터를 활용한 인사이트 추출은 신선하게 다가왔다. 이런 점들이 나로 하여금 데이터 분석 전문가로서 커리어를 쌓고 싶다는 생각이 들게 했다.

데이터 분석 업무를 수행하려면 데이터 전처리 업무가 선행되어야 한다. 데이터 전처리 업무는 IT 담당자가 강점을 갖고 있는 반면, 데이터 분석 업무(모델링)는 데이터 분석가가 강점을 갖고 있기 때문에 일반적으로 데이터 분석 파트와 전처리 파트가 분리되어 각각의 업무를 수행하는 형태로 진행된다. 하지만 실제적으로 전처리 파트(IT 담당자)와 분석 파트(데이터 분석가)에서 바라보는 데이터 관점이나 형태가 달라 반복적으로 재작업을 해야 하는 경우가 생긴다.

이와 더불어 실제 분석 업무 수행 시, 다양한 방법으로 접근하기 위해 추가적인 전처리 과정이 필요할 때도 있다. 내가 추구하고자 하는 커리어는 데이터 분석 전문가를 목표로 하되, IT 파트의 역할도 지원할 수 있는 사람이 되는 것이다. 나의 강점은 다양한 IT 시스템을 다루어 보았다는 것, 프로그래밍에 익숙하다는 것, 어시스트 빅데이터MBA학과를 통해 분석가 마인드와 역량을 갖추어나갈 것이라는 점이다. 따라서 나는 전처리 파트와 분석 파트의 가교 역할, 더 나아가 두 가지 업무를 동시에 할 수 있는 데이터 분석 전문가로 성장하고 싶다. 그래서 지금 이 순간에도 필요한 과목들을 다시 청강하며 내공을 다지는 중이다.

평생 후회가 남지 않도록

김홍렬(두산정보통신)

나는 대학에서 전자계산학(현 컴퓨터공학)을 전공한 후, 삼성데이터시스템(현 삼성SDS)에 입사해 연구소로 부서 배치를 받았다. '한국형 ERP 시스템 연구개발'이라는 국책 과제를 첫 업무로 시작했는데, 윈도3.1과 오라클 데이터베이스 환경에서 파워빌더 개발 툴을 사용해 자재관리, 생산관리, 재고관리 등의 모듈을 개발했다. 이어서 웹 기반 지식관리시스템Knowledge Management System, KMS 설계와 개발 업무에 참여해 사내에 적용하고, KMS 패키지를 추가로 개발해 계열사에 확산시켰다.

2000년대 초반, 닷컴 붐이 일어나고 수많은 IT 벤처기업이 생겨났다. 주변에 있는 여러 동기와 선후배가 좋은 조건으로 스카우트되어 IT 벤처기업으로 이직하는 것을 지켜보았다. 나에게도 신생

벤처기업에서 여러 차례 이직 제의가 있었는데, 결국 2001년에 두 번째 직장인 핸디소프트로 이직해서 KMS, 업무포털시스템, BPR Business Process Reengineering(업무 프로세스 재설계), ISPInformation Strategy Planning(정보 전략 계획) 컨설팅과 시스템 구축 프로젝트를 수행했다. 노동부, 한국산업안전공단, 한국증권업협회, 농협중앙회, 외교통상부, 대웅제약, 아이비클럽, 코엑스, 법제처, 한국자산관리공사 등 많은 프로젝트를 수행하면서 공공, 금융, 제약 등 다양한 도메인의 문화와 특성을 경험한 것이 역량 향상 관점에서는 큰 자산이 되었다.

KMS 컨설팅을 수행하면서 축적한 업무 경험과 전문성을 바탕으로 여러 기업과 공공기관의 지식경영 세미나와 워크숍에서 강의도 했고, 매일경제신문사에서 주관하는 지식경영아카데미에서 강사로 2년 가까이 활동하기도 했다. 2005년에 세 번째 직장인 두산으로 옮겨서 지금까지 그룹 공통 전자결재와 업무포털시스템 구축, 대외 웹사이트 구축 등 현재까지 그룹 내 IT 시스템 구축과 운영 업무를 수행하고 있다.

나는 20년 이상 IT 기업에서 일하면서 최신 IT 기술과 주요 트렌드 등의 변화도 꾸준히 학습하고 있었다. 따라서 빅데이터 개념과 구글, 아마존, 넷플릭스, GE 등의 다양한 사례는 전혀 낯설지는 않았다. 빅데이터 관련 서적들을 읽어보면서 어떻게 빅데이터를 수집하고 분석해서 데이터에 근거해 미래를 예측하고 의미 있는 인사이트를 도출하고 주요한 의사결정에 활용할 수 있을지에 대해 체계적으로 공부해보고 싶은 욕망이 생겼다.

오래전부터 공부를 더 하고 싶었지만 바쁜 업무와 이런저런 핑계로 차일피일 미루다가 어느덧 40대 중반의 나이가 되었다. 어느 날 회사에서 팀장들을 대상으로 하는 인사이트 교육에서 강사가 지난 1년 동안 가장 후회되는 일과 평생 동안 가장 후회되는 일이 무엇인지 생각해보라는 질문을 던졌다. 지난 1년 동안 가장 후회되는 일은 내가 했던 잘못에 대한 후회이고, 평생 동안 가장 후회되는 일은 내가 이런저런 이유로 시도하지 않고 포기했던 것에 대한 후회라는 강사의 말에 깊은 공감을 느꼈다.

평생 후회가 남지 않도록 공부를 더는 미루지 말아야겠다는 생각에서, 그리고 이왕이면 내 업무와도 연관성이 깊은 빅데이터를 체계적으로 공부하고자 했다. 그래서 어시스트 빅데이터MBA학과 입학 설명회에 참석해 특강을 듣고 '실전형 데이터 사이언티스트' 양성을 목표로 하는 커리큘럼이 마음에 와 닿았다. 특히 분석 기법과 IT 관련 지식을 충분히 갖출 뿐만 아니라 현장 중심의 폭넓은 문제 해결 능력을 배양해주는 커리큘럼이 마음에 들었다.

어시스트 빅데이터MBA학과 동기들은 저마다 다양한 전공을 하고 있었는데, 금융, 제조, 건축, 회계, IT, 법무, 유통, 제약, 의료, 자동차, 교육 등 업계에 종사하는 전문가들이었다. 동기들과의 공동과제 수행과 토론을 통해 다양한 산업 분야의 업무와 사고방식을 폭넓게 접할 수 있었다. 마지막 학기가 시작된 2016년 3월에는 온 세계를 떠들썩하게 만든 알파고와 이세돌 9단의 세기의 바둑 대결이 있었다.

당시 김진호 교수가 알파고의 5대 0 완승을 예측한 인터뷰가 몇몇 언론에 보도되어 우리 학과에도 큰 에피소드가 되었다. 사실 첫 대국이 시작되기 전에 나를 비롯해 학생들과 주변 지인들도 설마 이세돌이 일방적으로 패배할 것이라고는 상상을 하지 못했고, 김진호 교수의 예측에 대한 부정적인 댓글들을 보면서 한편으로는 걱정되기도 했다.

하지만 알파고는 일방적인 승리로 세계를 깜짝 놀라게 했다. 김진호 교수가 그렇게 자신 있게 주장할 수 있었던 것은 단순한 감이 아니었다. 구글이 2016년 1월 『네이처』에 발표한 논문 「Mastering the game of Go with deep neural networks and tree search」를 수십 번을 읽으면서 알파고 알고리즘을 검증한 후에 자신 있게 내린 결론이었다. 우연히 김진호 교수가 밑줄을 긋고 메모하며 읽어서 너덜너덜해진 그 논문의 하드카피를 보았는데, 역시 그런 통찰력이 우연이 아니고 정독을 통한 검증이었다는 것을 새삼 확인했다.

졸업 논문 주제를 선정하고 선행연구 자료들을 찾아보고 논문을 작성하면서 퇴근 후 시간과 주말을 비롯해 5월 황금연휴와 8월 여름휴가를 도서관에서 보냈던 시간들은 인생에 꼭 한 번은 투자해볼 만한 가치가 있는 시간이었다는 생각이 든다. 그렇게 완성된 논문에서 웹 로그 트래픽 시계열 데이터 분석을 통해 클라우드 용량의 최적화를 위한 예측에 활용해 가동률을 높이고 클라우드 비용을 최적화할 수 있는 가능성을 확인할 수 있었다.

학위를 받은 것은 이제 막 운전면허를 취득한 것이라 생각한다. 운전면허가 있다고 해서 베스트 드라이버가 되는 것은 아니기에 앞으로도 새로운 것에 호기심을 가지고 질문하고 학습하고 다양한 경험을 해보아야겠다. 그러면서 빅데이터를 자유자재로 요리해 가치 있는 인사이트를 만들 수 있는 무림의 빅데이터 고수가 될 수 있도록 노력해야 할 것 같다.

"교육은 성공적인 미래로 가는 열쇠다.
왜냐하면 미래는 오늘 그것을 준비하는 사람들의 것이기 때문이다."

• 맬컴 엑스Malcolm X(흑인운동가)

제9장

미래를 준비하는 전문가

"바로 이거다!"

이선용(화동이노테크 고문, 전前 삼성디스플레이 부사장)

나는 중학교 때까지 주로 미술상만 탔기에 미술을 전공하기로 마음 먹었지만, 미술 공부해서는 먹고살기 힘들다는 아버님의 반대로 고등학교 때 이과로 진로가 바뀌었다. 장남이다 보니 부모님 말씀에 충실해야 해서 수학부터 매우 힘들게 다시 공부했다. 홍성대의 『공통수학』, 『수II의 정석』을 2학년 1학기까지 독파했다. 암기 과목은 적성에 안 맞았지만, 수학 · 물리 · 화학 등은 성적이 그런대로 나와 광운대학교에 입학했다. 전자공학과에 들어가 보니 수학과 현대 물리학, 통계, 자동제어, 양자역학, 전자기학, 전파공학 등이 적성에 맞아 학교 생활은 만족스러웠다.

대학교 1학년 겨울방학 때, 아버님이 지병으로 돌아가시고 장남이다 보니 갑자기 가사를 책임지게 되었다. 여동생과 남동생이 연이어 대학에 들어가게 되어 3학년부터는 ROTC(18기)에 들어가 2년간 복무 연장을 전제로 국가 장학금을 받았다. 졸업 후 육군 장교로 4년 4개월간 복무했다. 중위 때 출퇴근이 가능해지면서는 일과 후에 동국대학교 산업대학원 경영정보학과를 2년 동안 다니고 졸업했다. 내 인생에 소대장, 참모, 중대장으로 보낸 4년 4개월의 장교 생활은 매우 중요한 경험이었다.

전역할 때쯤, 6개 회사에 입사 지원 서류를 넣었는데 5개 회사에서 합격 통보가 왔다. 5개 회사 중 제일 먼저 신입사원 연수 일정이 확정된 삼성전자로 입사하게 되었다. 신입사원 교육을 마치고 업무 배치가 있었는데, 그때 신규 사업인 반도체를 지원해서 반도체 생산라인 업무를 시작하게 되었다. 그리고 2016년에 퇴임할 때까지 31년의 경력을 쌓았다.

삼성에서 반도체와 디스플레이 생산, 인프라 혁신 업무를 31년간 해오면서 제일 어렵고 힘들었던 부분이 수율收率 향상이었다. 반도체는 공정도 복잡하고 공정 수(약 500~700개)도 많아 제품 투입에서 출하까지 거의 2개월이 걸린다. 그래서 2개월 후에 수율이 나쁘게 나오면 그 원인을 찾기가 매우 어렵다. 특히 설비에 설치된 센서의 개수가 1대당 100여 개이며, 한 생산라인당 약 1,000대의 설비가 있고, 각 센서에서 초 단위로 데이터가 나오므로 엄청난 데이터가 발생되었다. 그뿐만 아니라 계측기에서 측정된 데이터, 인프라·환경 데이터, 원부자재原副資材 데이터, 각 엔지니어나 오퍼레이터가 입력하는 텍스트 데이터 등 엄청난 빅데이터가 발생한다.

반도체 생산에서 원가 경쟁력을 떨어뜨리는 가장 중요한 항목이 수율 저하다. 이 빅데이터에서 수율 저하 원인을 쉽게 찾기는 매우 힘들다. 여러 가지 시도를 하면서 엔지니어들이 밤낮 없이 원인을 찾느라 고생하는 것을 줄곧 봐 왔다. 어떻게 하면 쉽게 원인을 찾아낼 수 있을지를 나도 늘 고민했다.

퇴임 후 카이스트 최고경영자과정AIM 총동문회 조찬포럼에서 어시스트 빅데이터MBA학과 김진호 교수의 빅데이터 · 인공지능 관련 특강을 들었다. 강연을 들으면서 '바로 이거다!'라고 생각했다. 인공지능을 반도체나 디스플레이 생산과 수율을 향상하는 데 적용하면 혁신할 수 있다고 생각한 것이다. 비록 퇴임은 했지만 제2의 인생을 시작하는 시점에서 빅데이터를 공부하고자 마음먹었다. 그래서 각 대학원의 빅데이터 학과를 분석하기 시작했다. 어시스트 빅데이터MBA학과에서만 가르치는 과목이 빅데이터와 인공지능에 철저히 특화되어 있고, 타 대학원은 커리큘럼 구성이 산만한 것 같았다. 그래서 2017년 2월 어시스트 빅데이터MBA학과에 입학하게 되었다.

2018년 8월에 석사학위 수여식이 있었다. 어시스트 빅데이터MBA 석사학위와 함께 스위스 로잔경영대학의 빅데이터MBA 석사학위도 받았다. 공동학위 이수를 위해 2018년 여름 로잔경영대학의 빅데이터 부트 캠프에 참여해서 프로젝트 2개를 수행했고, 국내에서는 로잔경영대학의 교수가 직접 가르치는 필수 과목 3개를 수강했다. 1년 6개월이지만 그 과정은 치열했고 나름 내 나이 60세에 젊은 사람들에게 창피당하지 않기 위해서라도 많이 노력했다. 그래서 두 번째 학기에는 성적 1등으로 장학금도 받고 논문도 통과되어 졸업하게 되어 매우 기뻤다.

내 논문 제목은 '인공지능 기반의 수율 향상 의사결정 시스템 설계에 관한 연구'인데, SCI 해외 저널에 제출해 현재 심사 중이다. 석사 졸업 후 바로 박사학위를 신청했다. 역시 로잔경영대학 복수 박사학위 과정(빅데이터 전공)이다. 논문은 역시 반도체 수율 향상 방안 혹은 생산 빅데이터의 효율적인 활용 관련 문제점을 해결하거나 새로운 방법을 찾아 연구하는 데 목표를 두고 연구하려고 한다. 졸업 후에는 재능 기부 활동을 통해 인공지능을 활용해 중소기업의 혁신 활동을 지원해주고 싶다.

In My Personal Note

어느 날 아침, 경영자 특강을 막 끝내자마자 한 분이 찾아와서는 머뭇거리며 '빅데이터 공부를 하고 싶은데, 나이가 좀 많아서…… 할 수 있을까요?' 라고 물었다. 그분이 이선용 부사장이다. 알고 보니 삼성전자의 세계적인 기술력 개발의 중심에서 활약했던 전설적인 사람이었다. 빅데이터MBA학과에 입학해서도 그 끈기와 노력은 변함이 없었다. 항상 맨 앞자리에 앉아 예습과 복습으로 손때에 얼룩진 교재를 펴놓고 쉬는 시간도 아까워서 공부를 했으며 당연히 성적은 동기 중에 최고였고 논문도 특출나게 우수했다. 수많은 데이터가 쏟아져 나오는 공장에서 잔뼈가 굵은 경험에 기계학습과 딥러닝을 활용한 문제 해결 역량이 더해졌고, 그런 장점이 빅데이터 박사과정을 통해서 더욱 빛을 발하게 될 것이다. 조만간에 스마트 팩토리와 관련해서 이선용 부사장의 재능 기부를 받으려면 많은 중소기업이 번호표를 뽑고 기다려야 할지도 모르겠다.

앞으로의 20년을 위하여

이범훈(엠즈푸드시스템 대표)

1999년에 LG유통(현 GS 리테일)의 SCsupply chain 부문에서 직장 생활을 시작한 이래로 현재 회사 생활 21년차다. 산업공학을 전공한 나는 사회 생활 첫 시작부터 운 좋게도 전공을 살릴 수 있는 부서에 들어갔다. 1998년 IMF, 2008년 외환위기, 그리고 또 다른 10년이 지났다. 우리 경제는 과거 10년 혹은 20년 전 정도는 아니지만, 저성장의 시대로 진입했다. 일자리가 부족하고 전문성이 없으면 양질의 직업 또는 직장을 유지하기가 더욱더 어려워지고 있다. 따라서 자기계발은 나이와 상관없이 누구에게나 필요한 시대가 되었다.

2000년대 초, e-비즈니스 열풍을 타고 잠깐 IT 벤처 회사를 경험하면서 앞으로 IT가 회사 혁신의 토대가 될 것임을 확신했다. 2001년 말, 매일유업의 혁신 조직(당시 e-비즈니스팀)으로 옮겨 약 2년간 SAP ERP를 비롯한 다양한 시스템을 기획·구축했는데, 회사의 전반적인 업무 프로세스를 배우고 이해할 수 있었던 좋은 시기였다. 그리고 두산으로 이직해 식자재 유통 신사업을 추진했으나 1년 반 만에 접었다. 그리고 LG전자 혁신 조직으로 이직했고 물류 정보 시스템 구축 업무를 담당했다.

주로 생산법인 WMSWarehouse Management System 위주로 프로젝트를 진행하면서도 혁신 방법론에 대해서 배울 수 있던 시기였다. 그리고 다시 매일유업 혁신팀을 이끌기 위해 재입사해 LG전자에서 경험했던 혁신 방법론을 기초로 ERP 업그레이드부터 다양한 정보 시스템 구축과 업무 프로세스 개선을 추진했다.

2012년 말부터는 현재의 회사를 만들기 위한 준비를 진행했다. 2017년까지는 과거 경험을 토대로 회사의 기반을 만들었다. PC·인터넷·모바일로 IT 인프라는 변경되었으나 그 안의 업무 혁신 방법론은 크게 변화된 것이 없었다. ERP를 구축해 회사 구성원들의 업무 편차가 축소되었고 정보 가시성이 향상되어 의사결정 속도가 매우 빨라졌다. 모바일 시대는 PC가 스마트폰으로 변경된 정도라고 생각한다. 물론 모바일의 특성상 항상 연결되어 있고, 어디서나 정보 습득이 가능한 점은 매우 큰 변화다. 다만 그렇다고 일하는 방식이 획기적으로 변화되었다고는 생각하지 않는다.

회사의 관점에서 항상 핵심은 회사 시스템의 근간인 ERP와 기타 시스템들이며, 사람이 설계한 로직대로 데이터가 흐르고 사람이 설계한 관점으로 정보를 볼 수 있다는 것이다. 모바일 시대에는 이러한 정보를 언제 어디서나 접속이 가능하다는 차이 외에 PC시대와 큰 차이는 없다. 모바일 시대까지 업무 혁신의 핵심은 '표준화'였으며, 그 판단은 항상 사람이 해왔다. 정보 접근은 빨라졌으나 정보에 대한 해석은 여전히 사람의 몫이었다.

이제 혁신의 핵심은 '표준'에서 '지능'으로 변화되고 있다. 취급하는 데이터는 회사 내 데이터로 확보할 수 있는 모든 데이터로 그 양이 비교할 수 없을 정도로 커졌다. 빅데이터를 사용하게 되고 이를 잘 활용하기 위한 인공지능의 도입은 필수가 되었다. 다행히 컴퓨팅 성능이 좋아 특별히 인프라를 확보하지 않아도 가능하게 되었다. 기계가 데이터를 학습하고 인간을 대신해 판단까지 하는 세상이 오고 있다. 기술은 충분히 발전했다. 이제는 이를 활용할 사람이 더 많이 필요한 세상이 올 것이다. 그러나 이에 동참하려면, 최소한 이러한 시대의 흐름을 이해하려면 생각의 프레임이 바뀌어야 한다. 그래서 공부가 필요하다. 이제는 혁신의 키워드가 빅데이터, 인공지능, 사물인터넷, 블록체인 등이 소위 제4차 산업혁명의 키워드로 변화되었다.

이러한 주제는 모바일처럼 스스로 자연스럽게 익히기에는 너무 난이도가 높다고 생각했다. 그래서 빅데이터를 공부하기로 마음먹고 공부할 곳을 찾기 시작했다. 직장을 다니면서 그리고 가급적 실무에 접목할 수 있는 커리큘럼을 갖춘 학교를 찾았다. 다양한 분야의 학생이 있었으면 하는 바람도 있었다. 학생들 간 서로 다른 분야에서 빅데이터와 인공지능을 적용하는 방법론을 간접적으로 경험하기 위해서였다. 그러다 찾은 곳이 어시스트 빅데이터MBA학과다.

사회 생활을 막 시작한 초년생부터, 임원, 전문직 종사자 등 다양한 경력의 학생들을 만날 수 있었다. 나는 처음 IT를 배울 때도 그랬지만 향후 직접 하지는 않더라도 매우 깊게 공부를 해야 한다고는 생각했고 항상 그렇게 해왔다. 프로그래머들과 업무를 하려면 최소한 프로그램 언어도 배우고 설계하는 방법도 배우고 실제로 과제도 해봐야 한다고 생각했다. 그래야 깊게 이해할 수 있고 잘 활용할 수 있기 때문이다.

첫 학기에는 빅데이터와 인공지능에 대한 틀을 배웠다. 그러다 보니 빅데이터와 인공지능을 스스로 만들어 보았으면 하는 동기부여가 되었고, 두 번째 학기에서는 상세 이론과 기술을 실습을 통해 익혔다. 첫 학기에 학습했던 틀에 살을 붙일 수 있게 되었다. 마지막 학기에는 이론과 기술을 응용 · 적용하는 부분을 배운다. 그렇게 하면 각자의 실무에서 충분히 배운 부분을 적용해 성과를 낼 수 있을 것이라 생각한다. 다행히 초보자도 스스로 노력하면 할 수 있을 정도의 난이도에서부터 프로그램을 했던 전문가들도 흥미 있어 할 영역까지 다루고 있다. 그러다 보니 학기가 지날수록 다른 사람들과 인공지능 · 빅데이터를 이야기하면 뭔가 할 말이 많아지고 관련 서적을 보면서 자연스럽게 받아들일 수 있게 되었다.

이미 전공기초 과정을 끝내고 머신러닝과 딥러닝을 활용해 수요 예측 등 다양한 비즈니스 프로세스 개선 과제를 정의하고 구축했다. 배우고 나니 생각보다 회사 업무에 적용이 그리 어렵지 않았다. 더 큰 프로젝트도 충분히 할 수 있다는 자신감도 생겼고, 성공에 대한 확신도 생겼다. 앞으로 빅데이터와 인공지능은 과거 기업의 혁신 테마였던 ERP 이상으로 기업의 혁신을 이끌 것이며, 10년 내에 모든 사람이 현재의 ERP란 용어처럼 너무 일상적인 단어로 받아들일 것이라 생각한다.

앞으로의 20년을 위해 열심히 빅데이터와 인공지능에 대해 공부하고 있다. '지금 배워서 젊은 엔지니어만큼 잘할 수 있을까? 또는 지금 배우면 업무 현장에서 활용이 가능할까?'라는 질문을 나 자신에게도 많이 했고 주위에서도 많이 받았지만, 결론은 과거 20년 경험을 한 차원 발전시킬 수 있으며 앞으로 변화될 환경에 적응하기 위해서는 꼭 학습이 필요하다는 생각은 확고해졌다.

이제 호수를 보고 바다라 말하지 않는다

윤우제(외교부 국립외교원, 행정학 박사)

나를 처음 만나는 사람들은 대부분 호기심 반 의심 반의 표정을 지으면 이렇게 묻는다. "왜 여기 왔어요?", "왜 여기 있어요?" 처음에는 그들을 이해하기 어려웠으나, 언제부터인가 이런 질문이 더는 생소하지 않게 느껴졌다. 오히려 내 삶의 방향과 가치를 대변해주고 있는 것이 아닌가 하는 생각이 들었다. 지금은 그들을 충분히 이해할 수 있다. 나는 변화를 즐기지만 그들은 변화가 어렵기 때문에 나를 이해하기 어려울 수 있다.

나는 전공이 4개다. 통계학, 심리학, 행정학, 지금 재학 중인 빅데이터MBA학과다. 그리고 어려운 일이었지만, 행정학 박사까지 취득했다. 통계학에서 심리학, 행정학으로 전공을 바꿀 때마다 교수님들이 물어본 질문은 "왜 여기 왔어요?"였다. 언제나 그렇듯이 교수님들은 나를 다른 행성에서 온 외계인처럼 바라보았다.

그리고 3개의 서로 다른 분야에서 직업을 가졌다. 삼성에서 외교부로 이직을 한 후, 나를 처음 만나는 공무원들이 물어본 질문은 역시 "왜 여기 왔어요?" 였다. 일반 기업의 문화와 제도와는 전혀 다른 공무원 조직에 적응하기가 쉽지 않을 거라고 모두 걱정했지만, 공무원을 하면서 상을 3번이나 받았다. 어시스트 빅데이터MBA학과에 입학했을 때도 어김없이 주위의 학우들은 "왜 여기 왔어요?" 라고 물었다. 지난 20년간 4개의 전공과 3개의 직업을 가지면서 알게 된 사실이 있다. 모두 변화를 원하지만, 변화는 항상 그들 곁에 있지 않고 아주 먼 곳에 있다는 것이다. 그리고 그들이 나에게 이런 질문을 던진 이유는 변화가 가능하다는 사실에 놀라워하지 않았을까 하고 추측한다.

2016년, 자동차 CF광고 카피를 보고 적지 않은 충격을 받았다. 그 카피의 문구는 '바다를 본 사람은 호수를 보고 바다라 말하지 않는다' 였다. 순간 혹시 내가 본 바다가 호수가 아닐까 하는 생각이 번뜩 들었다. 지금까지 내가 경험하고 인식했던 모든 것, 그리고 알고 있는 지식을 처음부터 다시 의심하기 시작했다.

물론 처음에는 내가 알고 있는 호수를 끝까지 바다라고 믿고 싶었다. 그것이 더 편안했기 때문이다. 하지만 의심은 더욱 커져만 갔고, 호수를 다시 한번 확인하고 싶은 생각이 들었다. 2017년에 다양한 분야의 책, 잡지, 논문 등을 6개월 동안 읽고 내린 결론은 '데이터' 였다. 데이터를 중심으로 세상이 미친 듯이 변화하고 있다는 것을 알았다. 데이터는 과거에도 있었고, 현재에도 있지만, 앞으로는 이것이 세상의 모든 것을 변화시킬 것이라는 게 확실했다. 어쩌면 내가 알고 있는 모든 경험과 지식이 그저 하나의 우화가 될 수 있을 것 같은 느낌이 들었다. 결국 나는 호수를 보고 바다라고 생각하고 있었던 것이다. 그해 여름 빅데이터를 공부해야겠다는 결심을 세우고 어시스트 빅데이터MBA학과에 입학했다.

아마도 한 가지 더 궁금할 것이 있을 것이다. 빅데이터가 핫 이슈이므로 이것에 대한 관심은 누구나 많을 수 있다. 하지만 외교부 공무원이 왜 빅데이터가 필요한지 궁금해할 것이다. 어떤 조직도 시대의 변화라는 거대한 파도를 피할 수 없을 것이라는 생각이 들었다. 나의 조직도 빅데이터라는 밀려오는 파도에 직면해야 하는 순간이 점차 다가오고 있다. 이것을 기회로 삼아 이것을 타고 더 앞으로 나아갈 것인지, 아니면 쓸려갈 것인지를 고민해야 할 시점이 올 것이라고 생각했다.

이제는 모든 분야와 영역이 빅데이터와 관련성이 있을 수밖에 없으며, 정치외교 분야도 당연히 예외는 아닐 것이다. 예를 들면, 2016년 정치외교학과 국제학술지에 머신러닝 분석을 활용한 북한 김정은 위원장의 핵미사일 위협을 예측하는 모델이 실렸다. 지금 당장은 아니겠지만, 누구라도 조직이 앞으로 나아갈 수 있게 도움을 주어야 한다고 생각했다. 이제 변화는 너무 식상하게 들리는 단어가 되어버렸다. 하지만 지금도 이 단어는 나를 가슴 뛰게 만들고 있다. 나는 이제 호수를 보고 바다라 말하지 않는다.

In My Personal Note

매년 3~5명 정도의 박사학위 혹은 고급자격증 소지자가 빅데이터MBA학과에 입학한다. 그중에는 관광경영학 박사, 전기통신 박사, 수학 박사, 미국공인회계사, 변리사, 정보통신기술사 등도 있다. 그들을 면접할 때는 도대체 여기 왜 왔냐고 묻는다. 윤우제 박사에게도 마찬가지였다. 통계학과 심리학과 행정학 박사에, 서로 다른 분야의 경력뿐만 아니라 현재는 외교부 공무원이다. "도대체 왜 왔느냐?"는 물음이 저절로 튀어나왔다. 윤우제 박사의 대답은 이 글 속에 있다. 데이터 속에서 보이지 않는 것을 보아서(분석으로 찾아내서) 의사결정에 활용하는 것이 빅데이터 시대의 핵심이다. 데이터가 있는 곳이면(없다면 만들어서 측정이라도 해서) 어디에서나 그런 시도를 할 수 있는 것이다. '머신러닝 분석을 활용한 북한 김정은의 핵미사일 위협 예측 모델'은 '딥러닝을 활용한 인공지능 바둑이 최선의 다음 수 예측 모델'과 무엇이 다를까? 단지 영역이, 데이터가, 데이터가 함의한 맥락이 다를 뿐이다.

다음 세대를 위해 사회에 기여할 수 있는

김광현(IBK기업은행 지점장)

대학에서 경영학을 전공했으며, 졸업 후 대학원에 진학해 좀더 깊이 있게 공부하고 싶었지만, 경제적인 이유로 대학원 진학을 포기하고 기업은행에 입사했다. 첫 부임지는 서울 '신사동 지점'이었는데, 3년 동안 신입사원으로 영업점에 배치되어 기본적인 은행 영업 업무가 익숙해졌을 무렵 '전산개발부'로 발령이 났다. 전산프로그램에 대해 아무것도 모르는 초보자였지만, 프로그래머로서 기본 교육을 6개월간 받고 여신업무 전산개발 프로그래머로 투입되었다. 대대적인 전산시스템 교체로 인해 야근은 다반사고 휴일 출근도 마다하지 않던 시절이었다. 4년 동안의 고통 끝에 전산시스템 개발이 성공적으로 완료된 후에 다시 인사이동이 있었다. 이번에는 신탁부의 자금을 운영하는 펀드매니저였는데, 이 또한 힘든 생활이었다.

프로그래머와 펀드매니저의 공통점은 항상 미래에 발생할 '경우의 수'를 생각하며 대비해야 하는 것이다. 그렇기 때문에 두뇌가 편안하게 쉴 수 있는 시간이 없었다. 스트레스의 연속이었지만 젊어서인지 그래도 잘 버텼다. 5년 동안 펀드매니저 생활을 마치고 이제는 좀 쉬고 싶다는 간절한 생각에 '낙성대 지점'으로 이동했다. 영업점에서 3년의 시간이 흐르자 또 다시 '차세대 시스템 개발'을 위한 인적자원으로 분류되어 'e-비즈니스부'로 발령이 났다. 원하지 않는 프로그래머 생활을 다시 해야 했지만, e-비즈니스부 경험은 나에게 IT의 새로운 변화를 실감하게 해준 소중한 시간이었다. 차세대 전산시스템 개발이 완료된 후에는 5년간의 e-비즈니스부 생활을 마감하고 지금은 한 영업점에서 지점장으로 근무하고 있다.

처음에 전산개발부로 가게 되었을 때 원하지 않는 부서로 발령이 났다고 불만이 많았으나, 되돌아보면 너무나 감사한 발령이었다. IT의 신세계를 알게 되었고 폭 넓은 세상으로 나를 유도해주었으며 나중에 내가 어시스트 빅데이터MBA학과를 선택하게 된 경험적 자산이 되었다.

은퇴를 하는 선배를 보면 늘 마음 한 구석이 답답했다. 은행을 퇴직하면 대부분 새로운 일을 찾지 못한다는 것이었다. 등산이나 골프 등 취미 생활로 시간을 보내거나 경제적인 여유가 없으면 단순노무직에 가까운 일을 하며 적은 수입에 매달려 살았다. 고령화 사회에 은퇴를 앞두고 무엇을 할 것인가? 인생의 가치는 무엇인가? 지금까지는 직장에서 승진이라는 것이 인생의 목표는 아니지만 피할 수 없는 과제였다. 과장, 팀장, 지점장이 되는 것이 순조로운 흐름이었으므로 승진에 집착하며 살았다고 할 수 있다. 하지만 지점장 승진 후에는 '과연 어떠한 삶이 가치 있는 삶인가?' 하는 의문이 끊이지 않았다.

우리나라 사람들은 은퇴 후 삶에 대한 경제적인 준비도 미흡하지만, 그것보다 정신적인 준비가 되어 있지 않다. 가정의 경제를 책임져야 할 가장으로서는 이를 위해 노력해야 한다. 하지만 은퇴 후에 자녀들이 독립하고 경제적인 부담에서 해방될 수 있다면 다음 세대를 위한 봉사와 헌신과 사회적 가치를 위해 많은 준비를 해야 한다. 은퇴 후에 자신의 과거 경험을 기반으로 새로운 지식을 학습해 보충한다면 다음 세대를 위해 사회에 기여할 수 있는 길을 찾을 수 있을 것이다.

독서와 경영자 포럼 등 다양한 모임 활동으로 지식을 넓혀가던 중 나는 우연한 기회에 빅데이터에 관한 특강을 듣게 되었다. 강의를 듣고 난 후에, 나의 경험에 덧붙여서 빅데이터에 대한 학습만 추가한다면, 은퇴 후 사회에 봉사할 수 있을 것이라는 확신을 갖게 되었다. 빅데이터 분야는 거대한 데이터를 잘 다루고 분석하는 것이 중요하지만, 작은 데이터라고 하더라도 이를 잘 관찰하고 해석하는 통찰력도 필요하다는 것을 알게 되었다.

또한 빅데이터 분야는 젊은 사람의 순발력 있는 두뇌 회전이 필요하기도 하지만, 사회적 경험을 가진 경륜도 매우 중요한 분야라고 생각한다. 그래서 빅데이터를 제대로 공부하기로 결정하고, 여러 옵션 중에서 커리큘럼이 탄탄할 뿐만 아니라, 1년 6개월 과정으로 짧고, 주말 학습이기 때문에 평일에는 직장에 전념할 수 있는 어시스트 빅데이터MBA학과를 선택하게 되었다.

어시스트 빅데이터MBA학과에서 공부하면서 느낀 것은 빅데이터 분야가 무궁무진하다는 것이다. 이 정도 하면 될 것 같은 한계선이 없어 매우 매력적이다. 아는 만큼 보인다고 했던가? 빅데이터 분야는 공부를 많이 하면 할수록 보이지 않는 부분을 볼 수 있는 혜안을 가지게 되어 정말 매력적이다. 졸업 후에는 몇 년 내로 은행에서 은퇴도 해야 한다. 그때부터는 청년 창업자들을 도와 기업을 성장시키는 일을 하고 싶다. 30여 년의 은행 업무 경험과 빅데이터 지식을 기반으로, 좋은 후원자 혹은 동행자가 되어서 청년들의 창업과 성장을 도울 것이다. 또한 NGO 단체 등에도 가입해 사회정의 실천에 도움이 되고 후세를 위해 헌신하는 기성세대로서 역할도 할 것이다.

에필로그

사람이 온다는 건

사실은 어마어마한 일이다

그는

그의 과거와

현재와

그리고

그의 미래와 함께 오기 때문이다

한 사람의 일생이 오기 때문이다

• 정현종, 「방문객」 중에서

빅데이터에 대해 사람들이 어떻게 생각하는지를 풍자한 유명한 유머가 있다. "빅데이터는 10대의 성sex과 같다. 누구나 그것에 관해서 이야기하고, 어떻게 하는지를 정말로 아는 사람은 아무도 없고, 누구나 다른 사람들은 모두 그것을 하고 있다고 생각하고, 그래서 누구나 자신들도 하고 있다고 주장한다." 미국 듀크대학 교수이자 행동경제학자인 댄 애리얼리Dan Ariely가 한 말이다. 빅데이터가 이럴진대 하물며 빅데이터를 다루는 데이터 사이언티스트에 대해서 더 말할 필요가 없을 것이다.

2015년에 어시스트에 빅데이터MBA학과를 만들면서, 세계 최다의 학점(45)과 과목(28)으로 구성된 탄탄한 커리큘럼을 짰다. 교육의 성패는 견실한 커리큘럼도 중요하지만, 그것이 강의실 안에서 효과적으로 진행되는 것도 매우 중요하다. 특히 통계, R, 파이선, 데이터 마이닝, 딥러닝 등 많은 과목이 연속적으로 이어지는 과정에서 불필요한 중복은 가능한 한 피해야 한다. 또한 강의 평가와 학생들의 이해도나 요구에 따라 과목의 순서와 내용 등도 유기적으로 바꾸는 살아 움직이는 커리큘럼이 되어야 한다. 이를 위해서 나는 지난 4년 동안 대부분의 과목을 학생들과 함께 수강했다. 과목과 순서, 담당교수가 매년 업그레이드되어 이제는 거의 완벽한 커리큘럼이라고 자부한다.

매년 학생들과 수업을 같이 듣는 과정에서 각각의 학생들을 좀 더 잘 알게 되었다. 피상적인 교수와 학생 간의 관계를 넘어서 평생을 같이 공부하고 연구할 동료colleague로서 유대가 형성되었다고 생각한다. 이런 유대가 졸업생과 재학생의 개인적인 스토리를 받는 데 많은 도움을 주었다. 그렇지 않았다면 이 책을 쓰기는 어려웠을 것이다. 머리말에서도 썼듯이 많은 독자가 이 책을 통해 데이터 사이언티스트에 대해 잘 알게 되고, 데이터 사이언티스트에 도전하도록 자극을 받으며, 나아가서는 그 도전에 성공하기를 바란다. 다시 한번 솔직한 스토리를 공유해준 졸업생과 재학생에게 매우 고마운 마음을 전한다.

부록

어시스트 빅데이터MBA학과 교과과정

다양한 기관과 전문가가 제시한 데이터 사이언티스트에게 요구되는 역량을 요약하면 다음과 같다.

- **가트너:** 비즈니스 분석, 소프트 스킬, 분석 모델링, 데이터 관리
- **링크드인:** 데이터 수집력, 표준화, 통계, 모델링, 호기심, 직관력, 시각화, 소통
- **아마존닷컴:** 수학 · 공학 능력, 인문학적 소양, 호기심, 행복
- **토머스 대븐포트:** 해커, 과학자, 믿을 만한 조언자, 계량 분석가, 사업 전문가
- **앤드루 류카넨코**Andrew Lukyanenko
  - ▸ 수학 · 통계 – 머신러닝, 통계, 최적화
  - ▸ 프로그래밍 · 데이터베이스 – 파이선, R, SQL, 하둡
  - ▸ 도메인 지식 · 소프트 스킬 – 비즈니스에 대한 열정, 데이터에 대한 호기심, 문제 해결 능력
  - ▸ 커뮤니케이션 · 시각화 – 임원 대상 보고 스킬, 데이터 기반 의사결정, 시각화 툴 이용

- KALMA Analytics
  - ▸ 기반과목, 통계, 프로그래밍, 머신러닝, 텍스트 마이닝, 시각화, 빅데이터
  - ▸ 데이터 통합, 데이터 가공, 데이터 처리, 툴 박스
- 장동인
  - ▸ 도메인 전문가 – 데이터의 맥락을 이해할 수 있는 특정 산업과 업무에 대한 해박한 지식
  - ▸ IT 전문가 – 데이터를 수집, 저장, 추출, 가공
  - ▸ 데이터 분석 전문가 – 시각화, 모델링, 예측, 시뮬레이션
  - ▸ 전략 전문가 – 분석 결과 해석, 문제 해결을 위해 실제 프로세스 적용 · 실행

이러한 요구 역량을 바탕으로 교과과정을 딴 후에, 지난 4년간의 학과를 운영하면서 조정과 업데이트된 현재의 어시스트 빅데이터MBA학과의 교과과정은 다음과 같다.

구분		과목명
1학기	경영학 공통	• Strategic Management • Advance technology and Management • Scientific Sales: Sales Model and Management
	Data Science 기초	• Data-Driven Decision Making and Strategies • Digital Marketing • Management Science Methods • Data Analytics in Practice • 빅데이터 테마 선정, 시스템 구축
2학기	전공기초	• 빅데이터 분석을 위한 수학 리뷰 • 통계학 원론 • 다변량 분석

		• R 기초 • R 고급 • RDBMS & SQL • 빅데이터 방법론과 기계학습 • Python 기초 • Python 고급 • Data Mining I
3학기	전공심화	• Data Mining II • 인공신경망 분석과 딥러닝 • 개인화 추천 실습 • 사물인터넷 개발 · 실습 • Individual Topic Research • SNS 분석 • 챗봇 비즈니스 기획 · 개발 실습 • 종합 실습: 빅데이터 플랫폼 설계 · 구축 · 실습 I · II · III(3과목) ★ 논문(3학점)
Big Data Boot Camp (optional)		2-week intensive big data projects in BSL, Switzerland

이 교과과정의 특징은 다음과 같이 요약할 수 있다.

◉ 실무 중심의 포괄적 · 집중적 교육: 28과목(과목당 1.5학점), 45학점(BSL 공동 학위는 48학점)

◉ 프로그래밍과 통계 · 기계학습의 굳건한 기반을 갖춘 전략적 데이터 사이언티스트 양성 과정

◉ 집약적인Intensive 학사 일정 구성(1.5년)

◉ 금요일 밤, 토요일 수업: 회사 업무에 지장 없이 수강 가능

◉ Open Platform을 활용한 최고의 실무 · 현장 중심 교수진

◉ 어시스트 빅데이터연구센터를 통한 실습 프로젝트 기회 제공

또한 어시스트 빅데이터MBA학과에서는 스위스 3대 경영대학인 로잔경영대학Business School Lausanne, BSL의 공동학위를 제공한다. 공동학위를 선택한 학생들은 BSL 교수들이 한국에 와서 강의하는 3과목을 수강하고, BSL에서 빅데이터 부트 캠프Big Data Boot Camp, BDBC에 참여하면 BSL의 빅데이터MBA학위를 받게 된다. 2018년 8월의 BDBC에서는 세계적인 기업 네슬레Nestle 본사의 데이터센터를 방문해 프로젝트를 진행했다(2일 동안 네슬레의 SNS 데이터[1개월 분량] 분석).

네슬레는 키캣KitKat과 관련해 그린피스Greenpeace와의 싸움, SNS상에서의 부정적 이미지 확산 등으로 고초를 겪은 뒤에 전 세계에 25개의 데이터센터를 설치해서 SNS 데이터를 실시간 분석하고 있다. 우리 학생들이 분석 결과를 발표하자, 네슬레의 데이터 담당 임원인 장-자크 르루주Jean-Jacques Lerouge와 비트 스테틀러Beat Stettler는 "놀라울 정도로 인상적이다Overwhelmingly impressive"라고 격찬했다.

네슬레 프로젝트는 한 단계 더 진전되어, 현재는 6개월 분량의 SNS 데이터와 고객 불만 데이터customer complaint data를 받아서 분석하고 있는데(종합 실습 과목인 '빅데이터 플랫폼 설계 · 구축 · 운용'의 팀 과제), 분석 결과는 2019년 여름 빅데이터 부트 캠프에서 발표될 예정이다. 어시스트 빅데이터MBA학과는 네슬레 본사의 데이터센터와 지속적으로 프로젝트를 하기로 합의했다.

어시스트 빅데이터연구센터는 빅데이터MBA학과의 졸업생과 재학생, 교수들로 구성된 연구 커뮤니티다. 기업에서 문제 해결 의뢰(데이터 분석 프로젝트)가 들어오면, 해당 문제 해결에 적합한 사람들로 팀을 구성해 프로젝트를 수행한다. 프로젝트가 완료되면, 수익은 각 팀원의 기여도에 따라 공정하게 분배된다. 졸업생과 재학생들에게는 좋은 실습 기회이자 별도의 수입(혹은 장학금)을 올릴 수 있는 기회도 된다. 현재는 네슬레 프로젝트 외에도 여러 기업에서 의뢰한 프로젝트를 수행하고 있다.

어시스트 빅데이터MBA학과 졸업생과 재학생의 학부 전공을 구분해보면,

클래스별로 약간의 변동이 있기는 하지만 평균적으로는 이과 전공(공학 40퍼센트, 자연과학 15퍼센트), 문과 전공(경영 20퍼센트, 사회과학 15퍼센트, 인문학 10퍼센트)으로 나뉜다.

문과 전공 중에서 사회과학 전공의 일부와 인문학 전공자들은 '문송'일 확률이 높다. 이 학생들은 통계, 코딩, 그리고 이어지는 기술적인 과목들에서 공통적으로 어려움을 겪는다. 이를 해결하기 위해 2018년부터 커리큘럼에 아예 보충수업을 정규시간으로 편성했다. 보충수업이 적용되는 과목은 전공기초 10과목, 전공심화 10과목 등 총 20과목에 대해 진행된다.

보충수업은 토요일 수업 후에 추가적으로 4시간 동안 진행된다. 보충수업을 원하는 학생은 누구나 참여해서 궁금한 것을 질문하고 지도를 받을 수 있다. 보충수업 해당 과목의 교수, 해당 과목의 현장 전문가, 동기 중에서 해당 과목에 정통한 학우 중에서 사전에 학생들의 의견을 들어 정한다. 학우가 담당하는 경우에는 과목의 진도와 학생들이 어려워하는 내용 등을 알 수 있고, 학우들 간에 이미 형성된 친밀감 등으로 더욱 효과가 크다. 특히 보충수업을 담당하는 학우는 정규수업의 쉬는 시간에도 조교 역할을 할 수 있는 장점이 있다.

어시스트 빅데이터MBA학과는 졸업생에게 평생 A/S를 해준다. 졸업을 하더라도 원하는 과목은 다시 청강하는 것이 장려된다. 현재 많은 졸업생이 주요 과목들을 다시 들으며 내공을 다지고 있다. 또한 업무를 하다가 어려운 문제를 만나면, 어시스트 빅데이터연구센터로 들고 와서 자문을 할 수도 있고, 아예 종합 실습과목의 과제로 만들어 학생들이 팀을 구성해서 해결할 수도 있다.

현재 여러 대학원에 빅데이터 관련 석사 과정이 개설되어 있으며, 그 숫자는 앞으로 더 늘어날 것이다. S대학의 '데이터 사이언스 융합과정'의 교과과정은 아래와 같다. 다른 대학원의 교과과정도 이와 유사한 형태다.

구분	1학기	2학기(집중과정 학기)	3학기	4학기	합계
학점	9	6	9	9	30(24)
과목명	데이터 사이언스 기초	기계학습 특론	딥러닝	캡스톤 프로젝트	
	데이터 분석 언어(Python, R)	데이터베이스 시스템 특론	빅데이터 플랫폼 특론	논문 연구	
	기초 통계(R)	데이터 마이닝	자연어 처리	데이터 사이언스 특론(가칭)	
	선형대수 응용(R)	최적화	서버 시스템 이해		
	빅데이터 처리		데이터 시각화 특론		
			웹마이닝		
			정보 보안 특론		

다른 대학원 교과과정은 대부분 30학점으로 구성되어 있고, 논문 6학점을 빼면 학생들은 24학점을 이수한다. 주로 과목당 3학점으로 구성되어 있어 학생들은 8과목을 수강하게 된다. 학생들은 매 학기 2과목(6학점)을 수강하는 셈이다. 이 교과과정에서 학기당 2과목을 수강한다고 생각해보면, 학생들에게 약간의 선택의 자유는 있겠지만 교과과정의 완성도 측면에서는 매우 미흡하다고 생각한다. 4학기 동안 8과목을 수강하는 것은 데이터 사이언티스트의 역량을 발휘해야 하는 측면에서는 부족하기 때문이다. 이런 교과과정의 차이 때문에 그동안 빅데이터를 공부하고자 하는 많은 지원자가 어시스트 빅데이터MBA학과를 선택했다.

가장 섹시한 직업
데이터 사이언티스트

초판 1쇄 2019년 3월 29일 펴냄
초판 2쇄 2019년 10월 29일 펴냄

편저 | 김진호
펴낸이 | 이태준
기획 · 편집 | 박상문, 김소현, 박효주, 김환표
디자인 | 최원영
관리 | 최수향
인쇄 · 제본 | (주)삼신문화

펴낸곳 | 북카라반
출판등록 | 제17-332호 2002년 10월 18일

주소 | 04037 서울시 마포구 양화로7길 4(서교동) 2층
전화 | 02-486-0385
팩스 | 02-474-1413
www.inmul.co.kr | cntbooks@gmail.com

ISBN 979-11-6005-062-2 03320
값 15,000원

북카라반은 도서출판 문화유람의 브랜드입니다.

이 도서의 국립중앙도서관 출판예정도서목록(CIP)은 서지정보유통지원시스템 홈페이지
(http://seoji.nl.go.kr)와 국가자료공동목록시스템(http://www.nl.go.kr/kolisnet)에서
이용하실 수 있습니다. (CIP제어번호: CIP2019009835)